莲花生传
LIAN HUA SHENG ZHUAN

益西措嘉 撰　丹增拉巴 译

青海出版传媒集团
青海人民出版社

图书在版编目（CIP）数据

莲花生传 / 益西措嘉撰；丹增拉巴译. -- 西宁：青海人民出版社，2018.4（2026.1 重印）
ISBN 978-7-225-05565-7

Ⅰ.①莲… Ⅱ.①益… ②丹… Ⅲ.①莲花生（八世纪中叶）—传记 Ⅳ.① B949.92

中国版本图书馆 CIP 数据核字 (2018) 第 092265 号

莲花生传

益西措嘉　撰

丹增拉巴　译

出 版 人	曹永虎
出版发行	青海人民出版社有限责任公司
	西宁市五四西路 71 号　邮政编码：810023　电话：（0971）6143426（总编室）
发行热线	（0971）6143516 / 6137730
网　　址	http://www.qhrmcbs.com
印　　刷	青海新宏铭印业有限公司
经　　销	新华书店
开　　本	787 mm×1092 mm　1/32
印　　张	6.375
字　　数	120 千
版　　次	2018 年 9 月第 1 版　2026 年 1 月第 9 次印刷
书　　号	ISBN 978-7-225-05565-7
定　　价	29.80 元

版权所有　侵权必究

译　　序

民族古籍是各民族在社会历史发展过程中创造的宝贵精神财富和重要文明成果，是各民族集体智慧和创造力的结晶，是中华民族传统文化的重要组成部分。

本传相传为莲师法要之结集者、空行主尊益西措嘉佛母撰著，并埋为伏藏。后由藏王赤松德赞化身之伏藏大师酿·涅玛沃热，于桑耶寺三界铜殿洲中迎取出，并作弘扬。本传迄今已在藏地流传了八百多年，极有价值。

莲花生大师是藏传佛教的主要奠基者，他对藏族文化的影响是不可估量的。这本民族古籍以凝练的篇幅、精练的语言叙述了莲花生的生平活动和当时佛教传入涉藏地区的历史情况，相信它的翻译出版不仅对藏族文化的研究提供了更加丰富和珍贵的史料，也会对促进民族优秀传统文化的繁荣发展起到积极作用。

愿一切吉祥！

丹增拉巴

目　录

第一章　　认恩札菩提作父　　海生金刚持王位　/1

第二章　　尸陀林中作禁行　　空行诸众赐加持　/6

第三章　　依止上师求佛法　　示现修行之理趣　/10

第四章　　调伏邪见诸外道　　恩泽广被佛圣教　/14

第五章　　依止真实普巴尊　　修习大手印持明　/21

第六章　　文殊化身赤松王　　于西藏域持王政　/24

第七章　　藏王立誓修所依　　迎请菩提萨埵尊　/26

第八章　　莲师悲悯赴藏地　　中途会遇诸使者　/28

第九章　　莲师调伏诸鬼神　　缚于誓言作护法　/31

第十章　　迎请莲师红岩宫　　加持地基伏鬼魔　/34

第十一章　莲师藏王建桑耶　　加持开光瑞象生　/40

第十二章	两位上师两译师	翻译抉择密咒教	/44
第十三章	五比丘印度求法	南卡酿波获成就	/54
第十四章	贝若扎那赴印度	求法返回被流放	/61
第十五章	国王制定严法律	莲师讲诸前世事	/70
第十六章	迎请布玛莫扎尊	流放贝若而生悔	/80
第十七章	吉祥桑耶寺宇内	翻译抉择圣教法	/88
第十八章	国王作福寿法事	延长寿命十三年	/92
第十九章	莲师垂赐密咒法	诸王臣等作修持	/97
第二十章	护圣教故立护法	翻译一切猛厉咒	/103
第二十一章	正法教诀作伏藏	授记赤松德赞王	/112
第二十二章	足履藏域修行地	埋意伏藏赐教诫	/120
第二十三章	莲师欲赴罗刹国	谢绝诸君臣挽留	/125
第二十四章	大阿阇黎莲花生	垂赐教言于藏王	/133
第二十五章	大阿阇黎莲花生	对诸藏臣赐教诫	/137
第二十六章	大阿阇黎莲花生	对藏僧尼赐教诫	/139
第二十七章	大阿阇黎莲花生	对藏导师赐教诫	/142
第二十八章	大阿阇黎莲花生	对藏咒师赐教诫	/145

第二十九章	大阿阇黎莲花生	对禅修者赐教诫	/147
第三十章	大阿阇黎莲花生	对瑜伽士赐教诫	/149
第三十一章	大阿阇黎莲花生	对藏男子赐教诫	/151
第三十二章	大阿阇黎莲花生	对藏妇女赐教诫	/154
第三十三章	大阿阇黎莲花生	教诫福田及施主	/156
第三十四章	大阿阇黎莲花生	教诫医师及患者	/159
第三十五章	大阿阇黎莲花生	教诫上师及弟子	/162
第三十六章	大阿阇黎莲花生	对藏臣民总教诫	/165
第三十七章	诸王臣众向上师	请示圣观音教言	/168
第三十八章	莲师讲述观世音	大悲垂视六道众	/170
第三十九章	大阿阇黎莲花生	宣讲六字明功德	/175
第四十章	莲师前赴罗刹国	对藏君民唱道歌	/179
第四十一章	莲师前赴降罗刹	唱起饯行摄受歌	/185

原古籍题为
《大阿阇黎莲花生传记——生世法源·摩尼宝鬘》

顶礼上师本尊空行众！（译礼）

བུམ་པ་བརྒྱན་ག ཞུགད ༔

> 法身无量光佛尊，
> 报身大悲观世音，
> 化身莲花生上师，
> 顶礼三身彼圣尊！

较诸一切刹土尤为殊胜之西方极乐净土中，佛陀名为无量光。彼佛世尊，于化身释迦牟尼佛刹土中，即娑婆世界南赡部洲之邬金国及印度国，尤其是雪域吐蕃诸国土，乃圣观世音所调化故，为饶益有情，而化现为化身莲花生。

彼化身莲花生，身之广大功德及其传记，为如何耶？

第一章
认恩札菩提作父　海生金刚持王位

彼亦，在印度境西方，吉祥邬金国珍宝炽燃城市中，有一座琉璃所成、诸珍宝严饰之宫殿。

其内珍宝炽盛大法座上，有法王恩札菩提，彼有妃嫔一百零八，并具外臣、内臣、中臣等无量眷属，统领整个邬金国土。

因无有太子故，便于孟夏十五日，迎请一切殊胜供养境后，对三宝奉献了广大供养，念诵了一遍《法云经》，随即发誓愿对诸众生做广大之供施。于是，把宝库中财物作了发放布施。

许多年后，一切宝库几乎空尽，布施中止而乞者无有间断。诸大臣们说："所有宝库已经空尽无存了。"而乞者们则说:"如果不施给我们,则先前对他人之一切所施当成无义。"

国王心想:"现今于外海洲,龙王之女帜档玛(具美姆),手中有一如意宝,能无尽出生一切所欲所求。彼珍宝若是发放布施之菩萨去讨取,定会施予,取回后应当布施诸众生。"

于是,国王便敕令一位经常航海,由外海洲多次探取如意宝之商主,与诸眷属同行。而大臣们劝国王不要去,然王不许。

遂入船内,令于四方悬挂四张大帆,使船顺风则行,逆风则止,并于四方尾毛绳上悬挂四大铅坠。如是大船造好后,国王及诸眷属便砍断缆绳向外海进发,船只扬起大帆后,即顺风行驶,犹如力士射箭般行去,很快便到达宝洲,眷属们即留在宝洲上。

随后,国王与商主二人乘小船继续出发。途中看见一座白山,国王问:"那是什么山?"商主说:"那是银宝山。"

然后又行去,当看见一座蓝山时,问:"是什么山?"答:"是琉璃宝山。"

接着,又见到一座黄色宝山,国王又问。商主回答说:"那是金山,应当去山下。"

说完,便来到金山脚下,只见满地金沙,在彼山前又见到一座诸珍宝所成之宫殿。商主对国王说:"我待在此处,请国王过去。彼宫殿后山有七个大湖围绕,过彼之后,里面有毒蛇等恶毒众生,国王若修持菩提心即会散去。其内有诸珍宝合成之铁围山,具四门,且有龙女守护,祈祷彼等后,门即开启。彼院内宫殿前,有一金刚杵,国王用彼击之后,便会出来一百多位天女奉献珍宝。与彼等不应言语,复再敲门,最后会出来一位蓝婧艳丽、珍宝严饰之龙女帜档玛。向她述说来意后,便请求赐予如意宝,她即能奉献一颗散射五色光之蓝如意宝。快速接取后,应当包入衣袖中,勿使丢失,彼宝即是能成办所愿之如意摩尼宝。"

商主如是教诫国王后,国王随即行去。先越过七层大湖,便到达毒蛇洲,修持菩提心,不为毒气等所害。接着,又祈祷山围后诸护门龙女,门即开启,用宫殿前之金刚杵敲门后,过了片刻,便出现了龙女帜档玛,她说道:"我这座宫殿,大多愚者俱不能来,您是具足福德之人,想要什么呢?"于是,国王便详细说明了以往情况,说:"我想要如意宝。"龙女生起了随喜之心,即从顶髻上取下如意宝,献给国王。

国王便持取如意宝,旋即返回,依彼如意宝加持力,不须行路即至商主面前,说道:"太感谢商主了!"随后国王与商主刹那顷来至诸眷属前,对观察珍宝非常精明的商主,把斌珠宝(像玉一样的石头)及诸种珍宝分发给眷属,说道:"若装太多则船会沉入水中而丧命,当适可而止。"随后,驾驶大船,国王并诸眷属向本国方向行去。

途经一海洲,其中长着一株杂色莲花树,其上有一八龄童子。见者悦意,相好庄严,手持金刚与莲花,一人独坐。

国王见后生起非常稀有之心，问童子："童子！你的父亲是谁？母亲是谁？是什么种姓？家乡在哪里？依何为食品？在此处做何事？"

童子说道：

> 吾父是自证智慧，
> 母亲法界普贤母，
> 种姓是界（法界）觉（觉性）无别，
> 家乡居无生法界，
> 二现（能所）分别为食品，
> 在此诛杀烦恼行。

国王觉得稀有，心想：这是一位化身。说道："做我的义子与供养境吧！"说着，便用丝绢垫手抱下童子，并砍断莲花树，偕并童子带回。

国王到达国境后，诸臣民眷属们非常欢喜，对国王亦作了盛大欢迎。随后，国王手持摩尼宝，发愿道："我所得此大宝，若是真正之如意宝，愿显现出我此童子所坐之七宝所成大宝座，并以珍宝幡、伞严饰。"话音刚落，立即出现了宝座、宝伞。

童子登上宝座后，授权成为太子，并起名为"海生金刚王"。

随后,国王祈祷说:"此大宝若是真正之如意宝,我以前发放布施的一切空宝库,愿如前所有满溢。"话音刚落,先前所有库藏皆财宝满溢。

然后国王便击大鼓,以悦耳音声宣告于十方:"国王恩札菩提我,由如意摩尼宝中,如雨般降下一切所欲所需,敬请来取任何所需。"

接着,国王便敬沐如意宝,系于胜幢顶上,用冰片及栴檀香熏烤,陈设广大供养,国王沐浴并着净衣后,顶礼四方圣尊,祈祷说:"我所得此大宝,若决定是真正之如意宝,愿人及所有众生之一切所欲如雨般降下!"

话音刚落,四方风起,席卷一切不净物,并降下细雨,使不起灰尘,善为清扫后,由彼如意宝中,降下具百味之珍馐雨,令所有饥者满足;降下衣服雨,令所有寒者满足;降下财物雨,令一切所欲满足。

随后,国王命令统辖之下所有臣民:"现在,汝等一切人,当行持大乘妙法。"诸众皆生起菩提心,并获得不退转果位。

大阿阇黎莲花生无垢本生传记中,认国王恩札菩提作父,莲师摄持王位第一章竟。

第二章
尸陀林中作禁行　空行诸众赐加持

复次，化身王子莲花生心想："摄持王政不能饶益众生，为遮止王臣诸众欲贪故，当作禁行。"于是，便全身赤裸，佩戴骨饰，手持空乐双运之手鼓及根断三毒之三尖卡章，在宫殿顶上跳舞，诸观者聚集。

一日，王子使卡章从手中脱落，打中具权大臣嘎玛拉迭孩子头顶，大臣之子当即死去。

彼亦，按王国法规，谁犯法即应当惩罚谁。故而诸大臣聚集后禀告国王："此童子虽授权为太子，然已做非理行为，杀死了大臣之子，现在王子将人串在弗戈尖上，请予以制裁。"国王说道："不知此王子是非人之子，还是化身？杀死不太妥当，就放逐了吧。"于是大臣们就裁定为放逐，国王

作为父亲却伤心难过,然因国法严厉,不放逐亦无可奈何。便召唤王子到面前来,呈献种种饮食供品后,国王说道:

> 宝海中央莲花树,
> 化身童子无父母,
> 由缺子故授王位,
> 王子行为杀臣子,
> 诸臣裁决以王法,
> 允为放逐随意去。

说着,王流下眼泪,王子便把新献食物呈献给父王,说道:

> 此间父母极尊贵,
> 认作双亲持王位,
> 业力宿债杀臣子,
> 王法严厉善逐我,
> 心离生死我无怖,
> 不贪国境逐不畏,
> 双亲恒时随安居,
> 依业缘故后当见。

言毕，王子向父母顶礼，亦流下眼泪。父母二人心想，这是化身，心里极为痛惜，便蒙头而寝。

随后，大臣们带着王子，遣送往邬金国东部之清凉大尸陀林。这里有非人、尸体、尸林鸟、凶猛野兽，乃是极为恐怖、毛骨悚然之地。按此地风俗，所有人尸皆运往此尸陀林，尸体用裹尸布包裹，尸食米粥一藏斗放入枕头而安置。王子便做了密咒瑜伽士，衣着尸布，食享尸食，安住不动等持中，极具受用。

后来，此地出现大饥荒，大多数人死去，送来了很多尸体，但尸布、尸食米粥却没有送来。于是，王子就剥下人皮当衣服穿，以尸肉当食物，自在摄受住于尸陀林中诸玛姆空行母，住于禁行。

彼时，在邬金国嘎厄枭地方，有恶行王名为甲新热札，让其统领下的所有臣民，入于邪道中，来世堕入恶趣。王子心想，彼等非猛厉现行事业不能调伏。于是，便用毒蛇系缚头顶发髻，用整张人皮披在上身，用虎皮做下裙，手持五支铁箭，一张弓，向恶行之地行去。凡见一切男人皆杀死，食其肉饮其血，凡见一切女人皆交合，自在摄受一切，行持了双运降伏仪轨。人们都称他为"罗刹王贤达热杰达"。

随后，恶行王聚集国人，商议在尸陀林中设伏杀掉罗刹王。国王持着达玛希宝剑，令此地的一位箭法高手守护在尸陀林口作伏击，余众执持武器往尸陀林中设伏。结果，罗刹王用箭射死了伏击者，便脱身了，亦称名为"逸走童子"。

随后，来到萨霍尔国，行持于欢喜大尸陀林中，受用尸体，降魔空行母为其作了灌顶加持；

又来到邬金国南方索萨洲尸陀林中，作诸禁行，寂命空行母作了灌顶加持；

复又来到先前于莲花中降生之大海洲，依空行标语修持密咒故，自在摄受住在海洲中之四位空行母，海中一切龙族、空中诸星曜皆立誓作为仆使，并系缚于誓言；

彼后，行持于邬金粗犷尸陀林中，亲睹金刚亥母尊颜，得到灌顶，诸四部空行及三境勇士、空行母依照教法降赐悉地雨，依空行母加持传法故，便成为具力瑜伽士，诸空行母赐密名为"金刚威猛力"。

大阿阇黎莲花生无垢本生传记中，禁行尸陀林中，空行母赐加持之第二章竟。

第三章
依止上师求佛法　示现修行之理趣

复次,莲师来到印度金刚座,时而化现百千比丘供养圣依,时而化现百千瑜伽士作种种行为。人们问他说:"您的阿阇黎是谁?"

回答道:

> 我无父亲亦无母,
> 无有堪布阿阇黎,
> 种姓名字亦无有,
> 我是自生之佛陀。

众等皆怀着疑惑,说道:"没有阿阇黎,是幻者魔鬼吗?"

莲师听后心想:"我虽是自生化身,然未来诸辈需依止阿阇黎故,应作示现,当向印度诸圣哲研修外内密咒诸法法相。"

于是,就前往阿阇黎札巴哈德处,途中值遇去向阿阇黎札巴哈德求法的二位比丘释迦美直与释迦希宁。莲师向他俩作顶礼后,请求传法。二位比丘想,原来的食人罗刹王来了。即心生恐惧。罗刹王说:"现在我不再行恶业,请作摄受吧!""那请先献上武器。"说毕,莲师即奉上弓箭。二位比丘说:"我俩没到调伏您的时间,在红岩鹏鸟地方,住着我们的阿阇黎札巴哈德,您去他那儿吧。"

随后,莲师就来到阿阇黎札巴哈德处出家,取法名为"释迦狮子"。上师札巴哈德对他传讲了《森达加那亚瑜伽续》《臧亚瓦瑜伽续》《达塔萨扎哈瑜伽续》等三大瑜伽续法部。莲师虽只听了一遍即通达,然为示现净障之理趣故,各听了十八遍,没有修持便面见了瑜伽三十七本尊。

次后,释迦狮子心想:"应修持玛哈瑜伽法,并修持寿自在持明瑜伽,以及大手印殊胜持明。"想毕,就来到了住在玛拉雅山的大阿阇黎加贝希宁(文殊友)面前,请求传法。大阿阇黎授记言:"我未到调伏您的时间,在栴檀苑尸陀林,住有智慧空行普喜母比丘尼,精通外内密三种灌顶,具足加持力,到她那里去请求灌顶吧!"于是,释迦狮子即前往栴檀苑尸陀林,途中遇到了取水的仆女名为革玛热,便请她带去口信:求外内密灌顶。结果无有回音。

"她已忘记了吗？什么也没有说。"莲师就入了令仆女之水瓶与小石台粘连之等持，侍女无法提起水瓶，便从腰间抽出白晶钺刀，说道："您如有彼，我即有此。"说毕，仆女剖开胸膛示之，上腔部有四十二寂静本尊，下腔部有五十八忿怒饮血本尊，静猛百尊光明灿烂显了出来。莲师想："她是普喜母比丘尼本人吧？"即做了顶礼转绕，侍女说："我是仆女，请到里面去。"

言毕，便进入里面，看见一位比丘尼坐在座垫上，旁倚勇士身，佩戴骨饰，手持嘎巴拉与腰鼓，三十三侍女围绕，正在作会供轮。莲师即献上曼扎，顶礼转绕后，请求外内密三种灌顶。然后，释迦狮子就变成一"吽"（藏文吽字）字，普喜母从口中吞入体内，为做了身坛城灌顶，又从其秘处莲宫出来，清净了身语意三门垢障。

外依无量光佛灌顶，加持获得长寿持明；内依圣观世音灌顶，加持获得大手印持明；密依吉祥马头金刚灌顶，加持能自在摄受一切玛姆空行、世间鬼神及具傲慢者。取密名为"洛丹确翟"（爱慧）。

随后，洛丹确翟又回到了加贝希宁前，听受了所有外内文殊法，亲见文殊；

到大阿阇黎吽嘎热前，听受了所有真实本尊法；

到大阿阇黎札巴哈德前，听受了所有金刚橛法，亲见普巴圣众；

到大阿阇黎纳嘎则纳前，听受了所有法相乘法及莲花语法；

到大阿阇黎波达格嘿前，听受了所有寂怒大幻化网法；

到大阿阇黎玛哈班杂前，听受了所有甘露功德法；

到大阿阇黎达纳桑遮达前，听受了所有世间玛姆法；

到大阿阇黎让窝格嘿德瓦赞扎前，听受了所有世间供赞法；

到大阿阇黎欣达嘎巴前，听受了所有猛厉诅咒法，以及所有护教恶咒及猛咒法；

到大阿阇黎西日桑哈前，听受了所有教诫大圆满法。

彼亦，所有一切法各听了一遍即通达，未修便亲见诸本尊，亦称名为"洛丹确翟"。

大阿阇黎莲花生无垢本生传记中，依止上师求法，示现修行理趣之第三章竟。

第四章
调伏邪见诸外道　恩泽广被佛圣教

尊者洛丹确翟心想："现在，我应依密咒修持无生死长寿持明，令印度及邬金国的一切众生入于正法。"

彼亦，修持密咒法，须要具相明妃，因此，莲师就来到萨霍尔国。萨霍尔国王遮拉振有一位公主，名为曼达热瓦，芳龄十六，乃具相圣要母，莲师自在摄受了她，引导成为修依手印母。

随后，二人便去圣观自在宫殿布达拉南方——马拉德嘎岩洞。该洞朝南，三时花雨降洒，彩虹帷幕笼罩，妙香氤氲缭绕，栴檀林园郁郁，三部怙主加持。到达如是圣地后，尊者就开设无量寿佛坛城，修持长寿持明。

经三月后，亲见无量光无量寿佛，将充满甘露之无死长寿宝瓶放在佛父佛母头顶，甘露倾入口中，从此身体成就无生死金刚身。加持佛父为勇士马头，加持佛母为金刚亥母，成就了长寿持明悉地。

随后，为使萨霍尔国诸人入于正法故，佛父佛母二尊去城市乞食。诸国人皆嫉妒地说："一个边地流浪僧人，以前杀死我们的人，占用妇女后，又带走了国王的公主，玷染了王族，现今还要来作害。应加以惩罚，用火烧死他吧！当共同承担所造罪业。"

便用一捆梅檀配一升麻油，收集后，就在城市中心点燃。烧人烈火，一般三日后烟即熄灭，而此火九日亦未见熄灭。诸国人观看时，火舌反而外炽，烧毁了国王所有宫殿，麻油变成了大湖，湖中遍生莲花，中间莲花树花蕊之上，佛父佛母二尊身体凉爽爽地安住，诸王臣们倍感稀有，即赞颂道：

吽！
身不变如金刚身，
语不变如梵天语，
意不变如虚空意，
三门无死金刚身，
礼赞海生金刚汝。
祈恕我等无明罪，
吾国安乐祈安置。

顷刻，城市之火即熄灭，变得比以前更为美丽适宜。莲师亦称名为"班玛炯乃"（莲花生）及"班玛桑巴瓦"。随后，萨霍尔国人皆入于正法，并获得不退转果位。

复次，莲师心想："现今须令邬金国诸众生入于正法。"于是，佛父佛母二尊即往邬金国乞食，国人皆识之，如是说道："此人以前杀死了我们一个大臣之子，违犯国家法令，现今又来作害，应加以惩罚。原来儿子被杀死之大臣及现今众等，应共同承担所造之罪业。"

便用一捆栴檀配一升麻油，收集后，用火烧莲师佛父佛母。以往烧人烈火一般七日后烟即熄灭，而此次直到二十一日烟仍未熄。国王即对大臣说："去瞧一瞧。"结果，无人敢去看，原父王信不过，心想："如果是化身，即不会被烧伤。"

便偕眷属去看，果然是麻油溢出汇集成湖泊，中央焦木堆聚之内，莲花树花蕊上，佛父佛母二尊晶莹露珠般凉爽地安住。因大悲救度先前诸众生故，颅鬘严饰于身，父王等倍感稀有，即顶礼转绕，赞颂曰：

获胜成就大大稀有身，
断除生死降生莲花中，
悲度轮回故身严颅鬘，
顶礼赞颂海生金刚尊。

其后,国王将莲师双足奉于己顶,迎请作为无上供养境。莲师言:

> 转生三界轮回痛苦狱,
> 转生法王亦为愦闹处,
> 自性无生法身若不证,
> 轮回生处不断常流转。
> 大王应做空性明空观,
> 获得本来圆满正等觉。

言毕,国王即在此时证悟自性法身,证悟与解脱同时,父王并诸眷属一同获得了无生法忍。

国王复赞颂曰:

> 吽!
> 获胜成就大大稀有身,
> 证悟无与伦比极殊胜,
> 如来一切窍诀之大密,
> 顶礼赞颂界中显解汝。

因莲师身着颅鬘故,名为"莲花颅鬘力";因曾做国王太子故,名为"莲花王"。

随后，父王把莲师作为无上供养境达十三年之久。莲师将邬金国所有众生皆安置于正法中，父王恩札菩提并王妃诸眷属，以及五百商人获得了大手印殊胜持明。

其后，莲师行持于札兰达热尸陀林中，彼时有外道本师首领四人，各具五百眷属，由金刚座四方寻求诤辩："若我们胜利，你们当入我们的教法；若你们获胜，我们当入你们的教法。"而金刚座护门四班智达为主等所有班智达心想："虽能辩论，但恐力量不堪。"这样，谁亦不能辩论。

后来，金刚座诸班智达在国王宫殿中商议时，出现了一位握持手杖的蓝色女人，说道："你等不能辩驳外道，若是我之兄长则堪能也。"问她："您兄长是谁？住于何处？"回答说："我兄长即莲花金刚，正禁行于札兰达热尸陀林。""那如何做迎请呢？"彼女人说："派使者不能请来，你们可聚集于大菩提经堂中陈设广大供养，虔诚祈祷，我前去迎请。"言毕，女人即消失了。

随后，班智达们聚集在经堂中，按女人所言办事，摆设供品，虔诚祈祷：

> 三世佛陀降处金刚座，
> 外道诸魔军众来诤辩，
> 无有遮止论战堪能尊，
> 胜士人中狮子汝救护。

如是祈祷后，第一明相现时，莲师便如大鸟降落树上般莅临金刚座宫殿，然后莲师入战胜魔军等持，用手敲起犍槌。结果，四方外道声明师们说："今晨听到与以前不同的不悦耳声，是怎么说的？"

间后，东方声明师说："击此大慈菩提心法鼓，摧毁犹如狐狸外道颅。"

南方声明师说："击此大悲菩提心法鼓，自在摄受邪引魔军众。"

西方声明师说："击此大喜菩提心法鼓，降伏惩治不尚诤辩众。"

北方声明师说："击此大舍菩提心法鼓，黑方诸众无余摧为尘。"

太阳升起后，内外道便进行辩论。莲师本身安住在金刚座宫殿中，入于战胜魔军三昧定，由四方显现四化身，偕同五百班智达眷属进行辩论。结果，内道胜利，而四外道本师偕同具有神变的一些眷属飞向空中，莲师即结恐吓印指向虚空，空中便火轮旋绕，外道四本师只好逃向各自宫中，而诸眷属则归入佛教。

随后，外道四本师说："声明因明神变汝虽胜，然七日后当为汝死时。"

于是，众外道就修起了恶咒。莲师则对空行母修会供轮后，做了祈祷。黎明时分，降魔空行母呈献了一个镶有铁等宝物之犀牛革宝匣后，授记道："当降伏一切魔及外道，犀革箱内有恶咒空行法，能现量降伏寿命及降冰雹、霹雳。"其后，莲师向外道城市降下了天铁霹雳，用烈火烧毁了一切外道城市，对佛教恩泽广被，金刚座诸班智达们将莲师如顶髻如意宝般作为供奉境。称名为"桑给扎卓"(狮子吼声)。

　　大阿阇黎莲花生无垢本生传记中，以神变调伏外道众生，恩被佛教之历史第四章竟。

第五章
依止真实普巴尊　修习大手印持明

复次，阿阇黎（莲师）心想："已获瑜伽长寿持明，现今应修持大手印殊胜持明。"于是，莲师就来到了印度与尼泊尔交界处之扬垒学岩洞。此处冬天亦花朵绽放，为具足大吉祥加持之地。

尼泊尔国王格增（持善），有公主名为释迦德瓦。莲师即把她引导作为依修手印母。

初始，开设成就吉祥真实九灯坛城。于修习时出现了三种中断障，此乃龙"炯波"，夜叉"果玛卡"，空间之"洛玛振"，三魔所为，致使三年内，空中一点儿雪花、雨滴也没有，大地上连草籽、草芽亦不生长。在印度、尼泊尔、藏地三处地域，饥荒、人疾、畜疫如云聚集，许多人畜死亡。莲师心想:"此无论如何亦非其余报应,而是我修持大手印悉地,此等非人作中断障。"

于是,莲师即派尼泊尔两位心子吉拉吉萨与根拉根萨,吩咐他俩带上半升金粉供品,送于先前印度诸位阿阇黎,并告诉他们:"我在修持大手印悉地时,出现了三种中断障,请予以遣除中断之法门。"

随后,二人前往印度。印度诸班智达说:"应向阿阇黎扎巴哈德请求对治摧伏中断之金刚橛法。"于是二人便向阿阇黎扎巴哈德请法,阿阇黎即从《普巴布度达玛十万部》中,把《降伏怨魔事业法》交付他俩各自携带送回。二人旋即返归。

刚抵达扬垒学岩洞,三魔祟即销声匿迹了。顷刻,大海起风,大地变暖,云聚虚空,空中雨降,花果、植物、庄稼等一时成熟。享用果实后,人疾、畜疫,一切疾病、饥荒亦清除了,诸国境亦变得安乐。

彼后,莲师亲睹吉祥真实尊及普巴圣众,心想:"真实本尊犹如商人,悉地虽大但会出现中断,普巴本尊如同护送者,摧伏中断甚为必要。"于是就依靠《饮血嘎波续》及《布度达玛十万部》,把真实、普巴二尊结合作了修法,复修持后,获得了大手印殊胜悉地。

于彼黄昏时分,肖纳玛四姐妹奉献命咒后,系缚于誓言;
午夜时分,仁玛德四姐妹奉献命咒后,系缚于誓言;

黎明时分，赛姆四姐妹奉献命咒后，系缚于誓言；

又复，赛、甲、冬三士夫偕同男女眷属奉献命咒后，系缚于誓言。

彼等皆安立为普巴护法。其后，阿阇黎（莲师）以身圣尊坛城镇伏一切傲慢者，以语密咒坛城怀摄一切傲慢者，以意法性坛城自然清净消除一切五毒分别念，安住于大手印无变密意中。

大阿阇黎莲花生无垢本生传记中，依止真实、普巴二尊，修持大手印持明第五章竟。

第六章
文殊化身赤松王　于西藏域持王政

复次，如何迎请莲花生上师来藏地之历史，乃圣妙吉祥化身为国王赤松德赞，为修建吉祥桑耶寺降伏地基故，而作迎请。

彼亦，无比遍智主圣妙吉祥，虽住汉地五台山，尊容却面向藏地，以意密鉴知应当调化藏地诸众生。复次，前大悲观音化身国王松赞干布，修建了拉萨幻显殿及热姆切等镇伏罗刹女肢节的一百零八座寺庙，开创了正法。圣妙吉祥心想："在藏地雪域广弘佛法，应化现为大权国王摄持属下。"遂从汉地五台山以智慧眼鉴视，了知藏王赤德祖登正作统辖。

随后，藏王赤德祖登与王妃金城公主二人，在红岩宫殿宝床上安寝时，圣妙吉祥心间放射五色光芒，光端化现一寸高金色童子进入金城公主胎室。

其次，王妃梦见光芒犹如日轮照耀，光端现一童子进入自己胎中。便把此事禀告国王。国王言："空中有一圣尊，要做你我之子，梦兆极为善妙。"言毕，国王亦十分欢喜。彼后，王妃身体非常安乐，行动跳跃等悉皆轻安，心识明清，烦恼不生。

过了九个月零十日，于马年孟春初月胜星日（鬼宿值日），黎明日轮升起时，王妃在无有痛苦中，生下了王子。

彼王子牙齿洁白齐整，顶髻青蓝，发纹右旋，美颜宛若天子，取名为赤松德赞。

王子十三韶龄时，父王赤德祖登圆寂，王子便继承摄持王位，迎娶了才邦萨玛钦、卓萨香切曼、颇炯萨甲姆樽三女为王妃。于七年间，防御外敌，内护种族，精心治理国政。

大阿阇黎莲花生无垢本生传记中，藏王摄持国政第六章竟。

第七章
藏王立誓修所依　迎请菩提萨埵尊

牛年藏王寿二十时，心想弘扬正法，思忖着："昔时国王松赞干布于黑暗弥漫的藏地，建立了寺宇，翻译了许多善妙佛经，对藏地恩德甚大。现今，我亦应广弘佛法。"国王生起极大信念后，复作思维："目前，圣三宝所依宫殿，诸众信奉景仰之处，我自当誓愿建修，其后，应如何做呢？"国王再三思维后决定建成具足须弥山、四洲、铁围山之形式(的经堂)。

虎年藏王二十一岁时，心想应做奠基，听闻印度阿阇黎菩提萨埵静命，被称誉是一位具广大智慧之菩萨，便派遣通达印藏语言之大译师涅·嘉纳格玛热携带一升金粉供品，偕同两个仆从，去印度迎请阿阇黎。

他们即刻动身前往，在吉祥那烂陀寺拜见了菩提萨埵尊者，献上金粉后，祈请说："藏王欲修建经堂，拟镇伏地基故，派我等来迎请阿阇黎，请驾临一次。"阿阇黎说："我与藏王有前世业缘，故须走一趟。"

随后，他们一行便前往藏地，在红岩宫殿君臣们迎接了阿阇黎菩提萨埵，藏王恭敬地说道："大阿阇黎尊者，圣三宝所依宫殿，亦为诸众信奉之处，亦乃我自之誓愿，欲修建一座寺庙，请阿阇黎您加持地基。"阿阇黎道："藏地鬼神非人粗暴，我应以菩提心作调伏，不知能否调伏？请国王自己亦去地基处。"

于是，阿阇黎开设寂静金刚界坛城加持地基，国王自己身着白绸衣，手拿金镐挖掘，挖至一肘许，便出现一升白米，如甘露油脂糖味般具足诸味。国王自己品尝后，并涂在头顶，说道："如彼，我之所思将能成办，藏地佛法广弘时至。"接着作奠基，开始修建。结果，因藏地廿一神祇等大力夜叉男女作障碍故，白日修建，夜间被毁，建筑物逐渐变低，并不让修砌。

于是，国王即向阿阇黎说道："大阿阇黎尊者，看来我之所思似不能成办，有其余方便否？"阿阇黎对国王说道："大国王，我无余通达法相因乘教法，菩提心亦极纯熟，似不能降伏藏地诸恶毒鬼神粗暴者，但有一办法……"

大阿阇黎莲花生无垢本生传记中，国王心念正法，誓愿修建寺院故，迎请阿阇黎菩提萨埵尊者，奠基寺址之第七章竟。

第八章
莲师悲悯赴藏地　中途会遇诸使者

大阿阇黎菩提萨埵接着说道:"藏地此等恶毒鬼神,须以威猛力调伏。在尼泊尔扬垒学岩洞,有一邬金国王太子,是获得大成就之士夫,其尊如何耶?彼乃化身莲花生,具足忿怒大力之密咒行者,若迎请他,则国王所思成办,此等非人亦能调伏。"

事后,国王方便教诫外内诸臣眷:"我昨夜梦到在印度尼泊尔交界处之扬垒学岩洞,住有一位邬金班玛桑巴瓦阿阇黎,若迎请他,我之所思将能成功。汝等须前去迎请他,请作商议之后,派出大使三人。"然后,诸众敷衍商议,一个大使亦无有承许。国王即自己敕令卫·芒杰萨郎与桑·盖郭拉龙二位,偕同三个仆从,交给主仆五人一升金粉及干粮等,令其上路出发。

而在莲师面前,诸护法神亦劝请道:"藏地嘿波尔山前,藏域天子赞布祈建寺院,派遣大使五人将至莲师尊前,彼等因非常疲劳困乏故,请莲师准备驾临芒域贡塘交界处。"劝毕,莲师即以神变腾空而去,在芒域贡塘地方安住了三个月,随后与诸大使们相逢。

莲师虽如如正知,却故意问道:"汝等是谁?去往何处?"卫·芒杰萨郎答道:"我等是藏域天子派遣来迎请阿阇黎莲花生的,即是大师您吗?""哦,我在三个月前有诸护法催劝,担心汝等大使疲惫,请我在此安住。汝等太迟缓了,现今有何等供养即献给我。"

言毕,诸大使即作礼拜,并献上了一升金粉。"还要奉上。"诸大使又脱衣呈上。"还有何等奉上?"诸大使只有说道:"国王其余无有奉送,我等亦无有其余供物。现将身语意奉为奴仆。"言毕,即顶礼转绕,将莲足奉在头顶。

莲师亦欢喜地说道:"我是观察藏地人之信心有无变动,对我来说,一切显现全是黄金。"言毕,右手指向芒域贡塘地带,右方一切大山便转向左方,左手指向西方,一切土石全转变为天珠、玛瑙、珊瑚、黄金、松耳石,亦施给诸大使们。接着,又做一看式,日、月轮便落在地上;作了一契克印,河水随即倒流,说道:"我具如是神变能力,汝等应生起信心。我虽不需黄金,但为使国王成办所思,获得福德故,暂且须收取。"

然后,莲师将金粉撒向芒域及尼泊尔一带,说道:"藏地的一切黄金,全从芒域与尼泊尔地方现出。"而对施给诸大使之黄金、松耳石等,彼等心想:这是何物呢?不太相信,各自去瞧,果真如实显现,诸众亦就信服了。

大阿阇黎莲花生无垢本生传记中,莲师悲悯赴藏地,与诸大使相逢之第八章竟。

第九章
莲师调伏诸鬼神　缚于誓言作护法

随后,阿阇黎主仆前往藏地,到达芒域顿拉卡处,象雄地方战神目札美作中断障,幻化了两座大山挤压莲师主仆人等。阿阇黎遂用手杖于岩上开出一条道路,于彼顶上行去,她非常恐惧,只好奉献了命藏,承诺作为护法。取密名为"雪域大母金刚叶温玛"。

其后,阿阇黎一行到达北兰唐地时,兰芒嘎姆便对莲师降下霹雳。阿阇黎则于左手掌中安放似镜子般的清水,接取霹雳。当霹雳降下时,便干枯并变成七粒豆许大的丸子。对此她觉得很奇怪,亦非常恐慌,逃往贝母贝错湖。莲师则用契克印指向湖中,把湖水观成火焰,湖水甚为沸腾,使彼之骨肉亦脱落了。

她又继续逃跑,莲师即用手持金刚击去,打瞎了她的右眼,她只好说道:"导师继嗣金刚颅鬘力,不再作障怒心请解除。"遂将命藏献上,并系缚于誓言,取密名为"无肉白雪金刚独眼母"。

其后,阿阇黎等众经过偶隅地方,诸坚牢母将莲师主仆夹在山中,阿阇黎则用契克印指向山之后,继续前行。诸坚牢母无法移动大山,即逃走了。阿阇黎一行到达偶隅山谷时,诸坚牢母便推倒偶隅谷山巅所有岩石滚下来。莲师用契克印一指之后,复向前行,而所有岩石则向上飞翻,摧毁了片石山、岩山、雪山等所有坚牢母住处。最终,十二坚牢母、十二护母、十二雅玛母等只好各偕眷仆奉上命藏,并系缚于誓言,各取密名,授权为护法。

随后,阿阇黎诸众到达杰普香波隆地方,雅拉香波山神变为一头如大山般的白牦牛,鼻风笼罩如乌云,吼声犹如雷鸣,口气弥漫风雪,降下冰雪霹雳,而作试探。莲师则结持铁钩手印拴其鼻,结绢索印系其腰,结铁索印将其四足缚于镣铐,结铃印捶打彼牛,结果彼变为一具白绸发辫之童子,献上命藏后,系缚于誓言。

接着,莲师一行到达兰唐拉山前,唐拉山神想试探莲师,即变化为一大夜叉,作出要吞食大师主仆之模样。莲师则手结契克印,彼即变成一具松石顶髻之童子,并系缚于誓言。阿阇黎对他说:"喂!名谓白颅龙祖、五髻乾闼婆王(寻香王)、念青唐拉神,我要在此取一些干粮。"言毕,彼即离去。于午后黄昏时分,便用衣袖折叠包裹着无味薄香饼,以及众多珍馐而至,莲师亦将其摄为属下。

随后,阿阇黎等到达北潘耶拉地方,此地之登邓登洛曼、达芒绒冬玛及香普玛,同时摄聚香唐三处之所有寒气,吹打莲师主仆众等。诸眷属快被冻僵了,阿阇黎亦略感寒冷,即于契克印指尖显现旋转火轮,将所有男女夜叉所居雪山,如烧铁接触酥油般,全部熔化了,藏地所有男女夜叉只好奉上命藏并系缚于誓言。

阿阇黎一行到达堆隆章乌叉地方,君臣二十一人迎接会晤了莲师。随后,来到堆隆雄巴多山谷,莲师及君臣等欲进饮食,却找不到水,莲师即用手杖戳于岩石上,结果有泉水涌出,故取名为"雄巴拉泉水"。

在卡拉岩山处,莲师安住了一晚,令一切赞神系缚于誓言;在色普地方安住了一日,令一切魔鬼系缚于誓言;又在雅热贡地方安住了一日,令一切王魔、厉鬼系缚于誓言。

大阿阇黎莲花生无垢本生传记中,莲花生大师令藏地一切鬼神系缚于誓言之第九章竟。

第十章
迎请莲师红岩宫　　加持地基伏鬼魔

阿阇黎来到嘿波山前，藏王诸臣等作了欢迎。国王心想："我乃藏域黎民主尊，具鬃牲畜之主人，亦是护法国王，阿阇黎应顶礼我。"而莲师心想："吾乃获成就之瑜伽士，国王所迎请之阿阇黎，国王理应向我顶礼。"结果，双方互不相让，莲师即唱起自尊自强之道歌：

> 南无热纳格热！
> 藏域邦首岭主汝谛听，
> 三界有情死亡吾通达，
> 成就具德瑜伽寿持明，
> 吾乃无死莲花生大士；
> 具足修持金刚寿窍诀，

心性坛城中央之显现，
役使八部鬼神为仆从，
吾乃国王莲花生大士；
具足摄受三界之窍诀，
显现轮回涅槃之经典，
能够诠说了义不了义，
吾乃格西莲花生大士；
具足辨析轮涅之窍诀，
心性微妙真实纸张中，
缮写远离言词之文字，
吾乃文人莲花生大士；
具足无字妙法之窍诀，
如是一切显现墙面上，
缮画无二无别之图案，
吾乃画师莲花生大士；
具足显空无别之窍诀，
五毒疾病缠缚诸众生，
无漏妙药能够作疗治，
吾乃医师莲花生大士；
具足复生甘露之窍诀，
具大信心人之希欲处，
修持今生来世具安乐，

吾乃主尊莲花生大士；
具足根断轮回之窍诀，
执持般若密藏之武器，
调伏一切分别邪见敌，
吾乃勇士莲花生大士；
具足击退轮回之窍诀，
五毒烦恼仇敌怨敌起，
五种智慧之中作掩埋，
吾乃力士莲花生大士；
具足斩断五毒之窍诀，
汝为红脸罗刹藏地主，
具足世间傲慢心有情，
我慢乃为转生轮回因，
五毒烦恼饰品为严饰，
无非藏地邦首岭主乎！
汝之权势大故心生喜，
吾决不会顶礼藏王君，
穿着国王衣者应顶礼。

唱毕，莲师举起一手，手中放光，烧着了国王之衣服。王臣等皆生畏惧，国王即作了顶礼。随后，将阿阇黎迎往宫殿中，请莲师坐上金座，呈献种种珍馐、神饮、美食，将锦缎紫氅披其身上，国王自己奉上金玉曼扎供品，请求道：

> 唉玛吙（稀有哉）！
> 南无格热尊！
> 我乃红脸罗刹主，
> 藏地诸众难调故，
> 修建正法之圣依，
> 大师安住化身故，
> 祈祷加持于地基。

阿阇黎言："岭主大国王尊，此藏域乃男女夜叉神鬼之住所，中途已将藏地男女鬼神系缚于誓言。现今彼地尚有能主宰一切藏域之龙王，因此需对彼修建龙藏。"

随后，阿阇黎等来到玛竹谷口，作了根断轮回之仪轨，设立净治恶趣之吉祥坛城后，作了清除王臣诸人垢障之仪轨。接着，到达玛竹山谷，对玛竹威猛之龙王，作了修建宝藏之仪轨。

随后，来到嘿波山前，用等持力将一天珠杯中之水与朵玛广为增生。阿阇黎要把一切鬼神摄为眷属，便唱起镇伏傲慢者之道歌：

> 吽！
> 谛听吾乃莲花生大士，

未染胎垢即海生金刚,
身体四大病障无能摧,
获证无死寿持明悉地。
身语意三明现圣尊身,
具足能力镇伏傲慢者,
一切分别证悟为心故,
鬼神怖畏恐骇无惧怕。

广阔虚空坛城中,
地水火风容又纳,
宽宽绰绰广又阔。

心性空性坛城中,
显有鬼神容又纳,
宽宽绰绰广又阔。

心性空性无缘中,
显有鬼神容又纳,
宽宽绰绰广又阔。

心性空性无缘中,
亦无有天亦无鬼,
对我所显何神变,
于微尘许无动摇。

又复遗失自心性,
吾之教诫勿违越,

于此供施大朵玛，

等持力故无量修。

以咒令诸各自获，

手印无有胜败战，

谛实言语作回向，

享此许可施地基。

赤松德赞所思成，

应建神殿诸鬼神，

不违持咒吾之教，

摄服摄服事业聚。

唱毕，将诸鬼神摄受为眷属，系缚于誓言，而玛卿蚌热却不听从，莲师即用铁钩印印持其心，将其钩来。说道："着狼皮氅、猴皮帽之项楞，一足放置康雅姆滩上，一足放置嘿波山上，今突然倒落面前。""我亦受持誓言，小僧汝亦出厉语，无可奈何于此行，现请赐随做之教诫。"接着，莲师复道："享用此供养，国王所思成办。"玛卿蚌热道："如此所说，当如是行，然我身体大故，唯喜欢干粮，食团下倒有水之朵玛，我不满意，请给一些干粮。"莲师听后，即在银盘上安置五种珍宝，作了加持，令其满愿，系缚于教诫与誓言。

大阿阇黎莲花生无垢本生传记中，迎请莲师至红岩宫后，调伏地基之第十章竟。

第十一章
莲师藏王建桑耶　加持开光瑞象生

其后，阿阇黎莲花生将藏地廿一士夫及住于片石山、雪山、岩山之廿一玛姆、十二坚牢母、廿一男女夜叉等所有大力者系缚于誓言；于诸星曜等无有作摄受。将山石安放于山，川石安放于川。

随后，准备给神殿铺基石，国王自己设计做成三层顶须弥山式样，周匝做成七金山式样，雅夏上下两处做成日月形，四洲及八小洲，洲与洲之间做成依附式样。

殊胜之三洲，由颇炯萨甲姆樽王妃建修金殿洲，才邦萨玛鉴王妃建修三界铜殿洲，卓萨香切曼王妃建修善增粉洲。

于四洲及八小洲，建修文殊洲、阿雅巴洛洲、慈氏洲、金刚手洲、无量光佛洲、沐浴殿洲、禅定洲、翻译洲、贝嘎洲、降魔咒洲、种种洲、菩提洲共十二洲。

于四隅建四大塔，四方建四怙主殿，四门立四大石碑，其上置四大铜狗，外匝铁围山旋绕。

如是做奠基后，莲花生大士即安住意密，令非天、罗刹八部帮助砌建。将安放于山之石块，推倒滚下，白昼人工修砌，夜晚天神罗刹砌建，彼之所修更高。

随后，阿阇黎于意密中想："我是否已令非天、罗刹、八部之身语意三门守持誓言呢？"想毕，即安住意密观察：非天罗刹八部之身语意三门已守持誓言，能成办任何教敕；龙之身誓言守持后，能砌建桑耶寺，语誓言守持后，能听命于阿阇黎，意誓言无有持守，会作种种损害。如此观察后，莲师即安住降龙等持中。

其次，说建筑师玛哈雅那及霍尔族雅札嘎玛等人已砌建完毕。而汉地木工师郎赞、尼泊尔瓦瑟等人则把小斧头绕于头顶上，说道："大国王，木材已经用尽了。"国王听后非常担忧，心想："此等木材许，从何处寻找呢？"心里一直惦记此事。

色普垂柳林之龙王即对国王作障碍，化成一白人白马来至国王前，说道："君主，桑耶寺任何所需木料我来奉献，但是要请阿阇黎解除意密。"国王心想："此是悉地。"即答应后发誓言："请阿阇黎解除意密。"

随后，国王去钦普栽葛盖俄，至莲师前，请求阿阇黎解除意密。莲师不允。国王说道:"无论如何请解除意密,我已获大悉地。"阿阇黎解除意密后,国王即述说以前之情况。莲师道:"寺庙之木料会自然来,我已令非天、罗刹、八部之身语意三门守持于誓言。龙之意誓言尚未守持故,想系缚于誓言,因为到五百末世时,龙王将主宰一切土地,十八种麻风病会传播开来,镇肢寺及所有人之房宅,龙将进去毁坏,地上地下全部被龙主宰。"国王听毕,即返回了。龙王则将所奉献之木料顺江河送来,搁浅于桑耶地方之沼泽地上。

如是,国王于虎年廿一岁奠基寺庙后,开始砌建,于马年竣工。

整个大殿具三层顶:

上层因佛法来源于印度故,建成印度式样;

中层因舅舅在汉地故,建成汉地式样;

下层因祖父在藏地故,建成藏地式样。

周匝为七金山,雅夏上下二处建成日月式样,具四洲、八小洲、殊胜之三洲;外匝为铁围山。因国王之意密如何所思即如何成办故,名谓吉祥任成桑耶寺。

其后,阿阇黎莲花生于羊年作开光,出现了五种殊胜加持瑞相。菩提洲之大日如来,升在虚空中,顶层所有圣尊出现在外方。国王心想,现今不入内,而生恐惧。

莲师一弹指,所有圣尊便密密麻麻进入殿内。四门石碑上之四大铜狗各跳跃于四方广场上,各自发出三次叫声。周匝长竹笋非渐次生长，而是同时现出。善逝现量充满于虚空，放光融入诸圣尊。空中天人普撒花雨。有如是瑞象出现矣！

大阿阇黎莲花生无垢本生传记中，国王与阿阇黎莲花生建造桑耶寺且开光之第十一章竟。

第十二章
两位上师两译师　翻译抉择密咒教

随后,莲花生大士与菩提萨埵阿阇黎两位尊者,想去印度地方,对国王说道:

> 生于卫藏赞布赤松德赞王,
> 来自萨霍堪布菩提萨埵尊,
> 来自邬金国之莲花生三尊!
> 往昔生世之时中,
> 玛嘎达国之地方,
> 生为门子三兄弟,
> 砌建供塔作发愿,
> 各个生世中成熟。

菩提萨埵生梵志，
赞布生为仙人种，
我则生为茶门子，
三人聚会一时间。
于彼先前之供塔，
呈献广大之供奉，
各自如是作发愿。
仙人之子发愿为：
愿我此生之后世，
冰封雪冻藏域中，
生为护法国王尊，
树立佛陀圣教法，
彼语如是发愿故，
现今生为护法王。
婆罗门子发愿为：
我成智者班智达，
精通五明之学处，
树立佛陀圣教法，
发愿作为阿阇黎，
现今菩提萨埵是。
茶门之子发愿为：
我成持咒威力者，

愿护佛陀圣教法，
彼语如是发愿故，
成办国王之所思。
以发愿之猛力故，
萨霍邬金藏之域，
各个受生然于藏，
福田施主成师徒。
国王心誓桑耶寺，
虎年奠基马年成，
抉择建修五年圆，
息障桑耶任运成，
国王所思亦圆满。
堪布菩提萨埵尊，
及与邬金莲师我，
请求回到印度去。

大师言毕，国王将银勺各个放满一升金粉，并及众多世间供品呈献后，顶礼转绕，痛哭流涕，请求道：

唉玛吹！
两阿阇黎听我言，
前世依然作发愿，

于印度国受生后，
各个立下誓愿故，
二阿阇黎受生于，
正法之地印度国，
我则红脸藏域中，
业力所感生为王。
福德不少黎民君，
马年于红岩宫中，
投生金城公主身，
十三岁时父王薨，
二十岁时生善心，
虎年廿一拟奠基。
阇黎菩提萨埵尊，
虽于地基做加持，
因魔障故不得成，
言若迎请莲花生，
国王所思当成办。
菩提萨埵授记同，
往昔发愿强权临，
虎年奠基马年成，
先前恩德固然大，
化身胎生二大士，

> 我若还未圆寂间，
> 两大阇黎勿出走，
> 改变心意请赐教。

国王言毕，两位阿阇黎相互商讨。莲花生大士道：

> 我等兄弟三人等，
> 今生前世再前世，
> 具有三生之关系，
> 应给国王以脸面。

菩提萨埵听后，说道："甚善，当如是做。"
于是，大师对国王道：

> 我等师尊三个人，
> 以三生之发愿力，
> 宿缘成熟聚藏域，
> 先前已令赞布喜，
> 现亦不愿违情面。

言毕，国王亦十分欢喜。其后，国王祈请两位阿阇黎讲法，请莲师坐黄金法座，请菩提萨埵坐白银法座，国王自己坐在右下侧第一席。左席请觉若·鲁益坚赞、嘎瓦·贝扎坐在嘎则法座上，个个将具足玉石堆聚成须弥四洲之一肘高黄金曼扎拉，献给两位阿阇黎，亦将珍宝曼扎拉献给二位译师。

然后祈请讲法：

唉玛吙！
降生圣域印度国，
成为贤圣班智达，
获得殊妙圣正法，
两大阿阇黎尊者，
密宗显宗一切法，
无余满愿祈宣讲。
两大译师请翻译，
黑暗笼罩藏域中，
祈请点燃正法灯，
烦恼障火所焚烧，
祈请普降正法雨。

如是祈请后，两位阿阇黎说道："唉玛吙！大国王，藏人无有很大信心，诸大臣对正法心怀恶意，请恶魔作障碍故，无障之缘起应作建立，国王当制订法规。"

随后，从羊年至猴年之间，莲花生上师与觉若·鲁益坚赞参二位尊者，翻译了多种内密咒续部。

为令最初修习密咒不出障碍故，翻译了《具威力炽燃界续》；

我执乃为轮回之因，为于法性中降伏轮回故，蕴聚应修为圣尊坛城，翻译了《殊胜寂静圣尊续》；

降伏魔鬼、外道、罗刹傲慢者故，翻译了《身修法·劫火炽燃续》《语修法·大自在摄集续》《意修法·忿怒本札热嘎续》《功德修法·天母无歧途续》《事业修法·持明成就续》《明咒总修法·吉祥饮血摄集续》，文殊身续《黑色月密续》，莲花语续《胜马游舞续》，真实意续《饮血嘎波续》及《超出世间经》，甘露功德续《大小甘露游舞续》及《八卷教》，金刚橛事业续《波朵达玛十万部》，召遣玛姆续《十万德嘎续教》及《六修部续教》；

事业酬补及设施庄严故，翻译了《千知庄严续》；

宣示如何行持事业海故，翻译了《嘎玛玛勒事业续》；

为圆满资粮故，翻译了《大小会供续》；

供养加持无尽藏故，翻译了《虚空藏加持续》；

清净降伏故，翻译了《大力普皆降伏续》；

清净双运故，翻译了《明点大乐界续》；

行持忿怒禁行故，翻译了《大象极渡续》；

为了吉祥而烧施故，翻译了《火神游舞续》；

朵玛为一切事业之前行故，翻译了《大小朵玛教续》；

为护持外眷属享用余供托付事业故,翻译了《吉祥炽燃怒母续》;

压制逼迫怨魔故,翻译了《降伏十恶续》;

彼等诸续,为玛哈瑜伽续部。

阿努瑜伽续部共有四经及总摄义,共五种。即《普集觉性经》《智慧猛电雷轮经》《尸林杜鹃游舞经》《大心教经》及《一切佛陀密意总摄经》,此为摄集一切教诫之总义。

六秘密部:身续《佛陀等合续》、语续《月密明点续》、意续《密集续》、功德续《大日如来幻化网续》、事业续《嘎玛玛勒续》、后续摄义《金刚四座续》。

幻化八部:宣示心与智慧自现《秘密藏续》、宣示圆满事业《四十幻化续》、现前灌顶《幻化上师续》、具足誓言之窍诀《幻化颂支》、摄义指示《八幻化续》、显现游舞《幻化天母续》。

彼等未圆满而增补:《八十幻化续》、宣说胜义智慧《文殊幻化续》。

彼等为密咒内续部,由莲花生上师与觉若·鲁益坚赞参译师二位尊者翻译,梵文原本放在印度吉祥那烂陀寺经堂内,莲花生上师运用神变取之,于印度无存,现今存于吉祥桑耶寺库藏内。

阿阇黎菩提萨埵与嘎瓦·贝扎译师翻译了密咒外续。

彼亦,事部法总续有:

一切明咒总说《枳雅妙臂续》；

一切明咒灌顶《金刚手灌顶续》；

一切明咒显明《胜觉续》；

一切明咒摄义《色德嘎热善成续》；

一切明咒事业《尊胜三界续》；

一切明咒密意宣示《禅定后续》，共有六种。

事续分支为三部怙主类。

其中，观世音类有：《莲花冠根本续》《莲花积密咒续》《甚深密咒仪轨续》《如意宝转轮续》《阿姆嘎巴夏》（即《不空绢索续》）及《大小宝箧庄严续》等。

妙吉祥类有：《文殊智慧萨埵无垢续》《文殊智慧锐利续》《妙文殊断网续》《佛说文殊真实名经赞续》等。

金刚手类有：《金刚手灌顶续》《金刚空间续》《金刚地下续》《调伏部众续》《金刚棒续》《金刚乐怒续》《金刚锐利续》《金刚秘教续》《金刚火山续》等。

复次，又翻译了《五部陀罗尼》《三百六十陀罗尼》等；

行续四续：《大日如来现前菩提续》《炽燃火焰焚烧烦恼续》《金刚手灌顶续》《无分别密意续》。

瑜伽续中大论三百函未译，翻译了四大瑜伽续部：《目拉丹札根本续·达塔桑嘎哈》《部卡嘎热金刚尖续》《西日巴热玛德·胜祥第一续》《萨瓦萨曼札·摄分别续》。

彼等为密咒外续部，由阿阇黎菩提萨埵及嘎瓦·贝扎译师二位尊者翻译，现今梵文原本存放在桑耶寺库藏中。

大阿阇黎莲花生无垢本生传记中，两位阿阇黎与嘎、觉二译师翻译抉择密咒法第十二章竟。

第十三章
五比丘印度求法　南卡酿波获成就

其后，阿阇黎莲师心想："为使藏王诸臣对吾教法生信，应派人去印度求法。"于是对国王说："大国王，为令藏王君臣等于我教法起信，以及断除汝等戏论故，有密咒金刚乘教法，一生能获得大手印殊胜成就之教言，汝当派人向印度诸圣哲求取。总之，于此藏域若未出现一些获得成就者，后人难以生信。"

言毕，国王亦思维一番后，令五位藏人在阿阇黎菩提萨埵处出家。

彼等即努·南卡酿波、遮格·爱巴夏、郎·华吉桑盖、热林·桑哈热杂、遮·嘉维罗珠。

并宣布彼五僧人脚下之尘土石子捡起后，当恭敬作为顶上供养境。此五人学习了所有印藏语言翻译后，国王各自奉上一升金粉，遣往印度寻求密咒教法。

随后，五位译师历尽艰辛到达印度。于东方嘎玛热巴处遇到一位妇人，问她道："现今在印度于密咒教法获得成就者，如何称谓？"彼妇人道："在金岩大鹏园，住有阿阇黎吽嘎热。"

于是，五位译师即来至吽嘎热大师处。先布施金子给侍者索恰德瓦，对他说："我等是藏王派来向阿阇黎求法的，所以你要帮忙带我们去谒见。"侍者则说："阿阇黎正在九层围房内安住意密，我不敢进谒，可带你们去里面。随后，你们即强行去阿阇黎前，献上黄金，请求开许并传法。"言毕，侍者开启九层围房之门。

五位藏僧即径直去阿阇黎前，顶礼并奉上黄金，请求道："大阿阇黎尊者，我等为藏地护法国王派来寻求即生获得大手印殊胜成就之法，请大师开许传法，若不能获取，我等会遭王法制裁，望阿阇黎大悲摄受。"阿阇黎听后，说道："藏王真是菩萨种姓，精勤心念正法，非常稀有啊！汝等亦不顾生命危险，历尽艰辛而来与我相会，是具缘者。现在必须先作灌顶。"接着，又说道："若未灌顶不能宣讲密法亦不能修持。"

随后，开设了半月形六十八座坛城，作了灌顶，六十八饮血圣尊显现了圣相。

接着，又依次开设了半月形五十八座坛城、半月形九坛城、半月形单坛城、三层半月形三坛城，圣尊亦示现了圣容。

复又开设三种药修坛城，即八瓣莲花颗粒修法、八辐轮粉末修法、半月形九坛城圣物湿合修法。于彼三坛城作了甘露药灌顶后，圣尊示现了圣相。

随后，于吉祥真实物长寿修法，空界母巴嘎长寿修法，秘密真实界长寿修法三坛城中修持长寿后，作了无死长寿灌顶。

于本来清净法性菩提心修法、空界清净双运菩提心修法、大悲清净降伏菩提心修法三坛城中，作了密咒行为灌顶。

阿阇黎宣讲了彼诸实修教言，作了真实本尊之单独修法后，说道："现今汝等应专心修持一年，等出现瑞兆后，再返回藏地。"

随后，五位藏僧作了一番商议，郎·贝吉森格领会地说："阿阇黎是担心法弘至藏域，印度人对法太嫉妒故，住于此处我等有失去生命之危险。"努·南卡酿波则说："母亲不会给孩子喂毒，阿阇黎不会传颠倒法故，纵传若违背教诫，亦要堕入地狱，所以我不走。汝等若走即请便罢。"

其后，彼等四人准备上路。阿阇黎则加持了一把紫檀木普巴后，送给郎·贝吉森格说道："此普巴行路时持在手中，睡眠时放在枕边，将来出现魔障会有危险。"

随后，四人即返藏域，中途，在尼泊尔一湖岸边休息时，郎·贝吉森格将紫檀木普巴放置枕上，而遮格·爱巴夏却把普巴拿去并放在自己枕上。结果，因不信阿阇黎教诫之罪过故，彼湖中有一持泥黑龙魔，变成一条黑蛇，咬破了郎·贝吉森格之静脉细血管，他即刻死去了。

随后，三位比丘来至国王面前。献上法后，叙述了彼二人之情况，但国王不生信，诸恶毒大臣对法非常嫉妒，说道："派遣五人至印度，丢掉了两位，汝等三人亦要放逐。"结果，遮·嘉维罗珠被流放于香脱约尔纳波处，遮格·爱巴夏被流放于象雄地区，热林·桑哈热杂被流放于多康下部。

且说在印度，阿阇黎吽嘎热依《央达成就根本续》，撰著了《大疏灯》后，对努·南卡酿波作了传讲，把犹如空腹中心脏般之《央达教体》赐予他后，努·南卡酿波即在金岩大鹏园修持了一年。现见了大吉祥佛父母尊颜，获得共同殊胜之悉地后，阿阇黎道："现今请返回藏地去。"

于是，尊者即以神变来至藏地，到达国王面前，说道："国王所希欲之法，即所谓'大吉祥真实尊成就法'，于因地有情成就果位佛陀，如是之法即此也。

> 真实成就唯一性，
> 佛陀大乐普摄集，
> 甚深瑜伽圆三身，
> 空行幻化乐胜乐。"

言毕，用白银小刀将自己胸膛剖开，显现了上腔四十二寂静本尊，下腔五十八饮血本尊之尊颜。国王遂对一切言词、义理、圣尊、阿阇黎生起定解，立刻五体投地，而作顶礼。随后，将其奉为无上供养境，又立刻听受了"大吉祥真实尊成就法"。

结果，诸大臣非常嫉妒，说道："国王不应将平民作为阿阇黎，此有损王法，不合礼节。"最终，南卡酿波被放逐到洛札卡曲地方。尊者即在西方甲帕札地方精进修持，出现了如灯火自燃、身影印在岩石上、普巴插入崖中、骑在日光上行走等修行验相。

其后，有一段时间，国王生病，怎么作服侍亦无好转，禳解、占筮怎么作亦无济于事。最后，占卜者言："其余如何亦无用，倘若迎请比丘南卡酿波，则有益处。"

于是，国王即派遣二位大使到洛札卡切地方去。彼等到了尊者面前，作祈请后，南卡酿波道："汝二人先去，我随后即至。"言毕，二大使即先返去，还未到达前，阿阇黎即以神变先至。

随后，祈问尊者，服侍国王身体需何种物品时，尊者道："其余何等亦不需，仅要一点儿国王自己适量之受用品，与饮料一并献上。"

然后，阿阇黎南卡酿波将诸食物作会供后，当国王享用此食物三分之一时，一内臣询问病情，国王说："感觉出现了一位白色妇人，打了我一耳光，病情好了一点儿。"国王放逐阿阇黎之罪，毁坏身誓言，则得以酬补也。

然后，享用三分之二食物，一内臣复问病情，国王说："感觉出现了一位紫色妇人，打了我一耳光，病情更好一些。"毁坏语誓言之罪过，则得以酬补也。

随即，享用剩余所有食物，一内臣又询问病情，国王说："感觉出现了一位黑色妇人，打了我一耳光，病已痊愈了。"毁坏意誓言之罪过，则得以酬补也。

随后，诸大臣道："此为国王与阿阇黎南卡酿波欲会合之征兆。"欲加以惩罚，即对尊者说道："在太阳快落山时，请僧人汝为国王理发，在太阳未落山前完成，否则，即加以惩罚。"

南卡酿波听后，即在日影交界处，插下紫檀木普巴，并把国王头发理好。太阳于半日内被控制，未曾移动。后来，尊者说："现在，把家畜们，收回去吧。"言毕，拔出日影交界处之普巴，太阳便红彤彤、圆滚滚地穿行而去，致使诸大臣非常恐惧，说道："此僧人具足神变，会对我们施放咒力，必须杀死。等国王与阿阇黎二人出来散步时，等候一旁，伺机动手。"其后，诸奸臣等候在他们二位到来之处。

结果，南卡酿波知晓后，即猛厉念诵"吽！吽！"，从虚空中降下霹雳，将霹雳在期克印指尖上旋绕，致使诸大臣有的闷绝，有的僵硬。国王自己亦非常恐惧，阿阇黎即问道：" 国王您害怕了吗？" 国王惊慌地说道：" 可怕，太可怕了！较天铁之声音，僧人吽声更甚怖畏，此等黑臣这次可以满意了。" 随后，比丘南卡酿波飞向空中，往洛札卡切地方去了。

  大阿阇黎莲花生无垢本生传记中，五位藏僧赴印度求法，阿阇黎南卡酿波获得成就之第十三章竟。

第十四章
贝若扎那赴印度　求法返回被流放

一日，国王梦中显现吉祥金刚萨埵莅临虚空中，授记言："在印度有因教示为果乘，证悟与解脱同时之妙法，谓大圆满教诫。国王汝应派遣两位藏地译师去求取。"

于是，国王即来至钦普会供殿莲花生大师面前，作请求后，阿阇黎说道："极为适合，您令具大智慧之两位臣民从菩提萨埵处出家，学习翻译，我则指示神变教言，使途中无有中断障碍。"

国王说："巴郭·黑朵之子——巴郭·贝若扎那，以及藏唐拉之子——藏拉遮二人，在藏域中，智慧最大。"

随后，国王郑重地敕令二人，从菩提萨埵处出家，学习翻译。阿阇黎莲花生则指示了神变教言。然后，国王送给二人一升金粉,一个金巴札,遣往印度迎请大圆满教法。

在中途,二位译师怕守护关卡之官员夺走金粉,贝若扎那即显现神变,将自之黄金变成粉末,将一升粉末变成金子,布施给彼等,守关员非常欢喜地放行他俩到印度去。

随后,两位译师来到印度,问诸人道:"谁精通大圆满教诫?"诸众共同说道:"阿阇黎西日桑哈精通。"

于是,他们来至阿阇黎西日桑哈前,献上金粉、金巴札后,请求道:"大阿阇黎尊者,印度大圆满教诫法,乃一生能获得佛位之教言,昔时已授记藏王作迎请,我们正是派来求法之人,请开许吧。"

阿阇黎赐教言:"藏王具足信心,你们亦具足精进,因此,大圆满教法将会弘扬到藏地,我自当传讲。然印度国王对法太嫉妒故,需要善巧方便。"

随后,引二人至九层围房内,作了王权灌顶。接着,在三块灶石上放置一块大铜,阿阇黎坐在上面,身着布网,口对着铜号角后开始讲法。

共计传讲了二十六部续:

于彼,最初为广示心义根本与支分故,传讲了《大虚空广博续》;

心义难以通达须实修故,传讲了《大虚空广博总滴续》;

为指示心义解脱故,传讲了《大虚空解脱续》;

为指示心义不变故,传讲了《仰底王续》;

为指示心义摄于明点界故,传讲了《菩提心明点续》;

为指示心义自然智慧故,传讲了《智慧明点续》;

为指示心义广大次第故,传讲了《窍诀宝鬘续》;

心义非共同为诸众而宣示故,传讲了《秘密海续》;

为通达心义自证,彻底领悟故,传讲了《般若本智续》;

心义普贤界中一切即一故,传讲了《法界清净续》;

心义极为殊胜,为对真如生信故,传讲了《精藏总滴续》;

为指示心义根本,令无错谬故,传讲了《大虚空心续》;

为指示心义唯一明点故,传讲了《唯一密意续》;

为于心义无错谬而真实趋入故,传讲了《唯一禅定续》;

为间接指示心义次第故,传讲了《禅定传承经续》;

心义于诸论必要宣示故,传讲了《吉祥灯续》;

依灌顶次第而指示心义故,传讲了《大虚空灌顶关要续》;

心义远离言说而指示故,传讲了《智慧灯续》;

心义犹如虚空无有自性故,传讲了《大虚空无文字顶尖续》;

心义依一切有为法如何出生而作指示故,传讲了《大宝炽燃续》;

指示心义一切有为法无有本体故,传讲了《宝灯续》;

指示一切心密意自生故,传讲了《宝鬘续》;

指示心义界内显明故,传讲了《三界灯续》;

指示心义决定真实故,传讲了《决定藏续》;

指示心义无变故,传讲了《金刚极密续》;

指示因地有情心义当下正觉故，传讲了《本来正觉续》。

随后，又传讲了十八大教：

菩提心中出生一切故，传讲了《觉性杜鹃教》；

映蔽一切近修故，传讲了《觉性大妙力教》；

心义于法界中圆满故，传讲了《正见大鹏教》；

修义于法界中圆满故，传讲了《熔石成金教》；

修义臻究竟故，传讲了《不没胜幢大虚空教》；

心性于空性中决定故，传讲了《稀有智慧教》；

指示修习方法故，传讲了《修习义成教》；

指示心性自性法身故，传讲了《至尊殊胜教》；

指示心性唯一明点故，传讲了《无生德拉嘎教》；

心性无有生死、轮转三界故，传讲了《命轮教》；

指示心性中出生一切所欲功德故，传讲了《如意宝教》；

一切分别心念安住法性中故，传讲了《珍宝普集教》；

指示心性中圆满一切乘，且出生于何者亦广宣故，传讲了《大虚空王教》；

指示心性于普贤界中安置，乃为一切之殊胜顶尖故，传讲了《顶生王教》；

心之自性义远离戏论而安住大乐体性故，传讲了《大乐浩瀚教》；

心不被烦恼染污，功德严缀故，传讲了《大乐点缀庄严教》；

指示心界中普生涅槃故，传讲了《种种大藏教》；

以心总持一切乘故，传讲了《总纲教》。

其后，阿阇黎西日桑哈说道："法已圆满讲毕，印度人对法大嫉妒故，中途将出现命障，会有危险，应当修神足通。"于是又传讲了神行教言。阿阇黎赐名为巴郭·贝若扎那。而藏拉遮则未修神足，急欲向国王请功故，即先走一步，结果被守关人杀死了。

随后，贝若扎那担心守门人夺走法宝，将诸梵文法本于棕榈树叶上用"阿热热"写成幻字后，即上路了。

夜晚，金刚座所有铁门亦发出自音声，诸护财神召唤守门员说："藏地僧人把法本带走了，不要放行。"守门人等即关闭大门作守护。

清晨，贝若扎那来至门前，昨晚尊者所有梦相极恶。

彼守门人说道："此藏地僧人带了何物？"言毕，即剥光了尊者衣服，搜查后说道："除两函棕榈树叶外，无有其余，棕榈叶上空空无有现出文字，放行吧。"说完后，即放尊者走了。

贝若扎那想："我虽然成就神足通，但亦难摆脱守关人。"便与守关的长官格玛热交朋友，并施给他金粉，作了盟誓。随后，守关长官疏散了众多守关人员，送尊者过关后，便返回去了。

其后，印度班智达们梦到：印度的太阳，被一藏地僧人带走后沉没了，所有的花、树亦枯萎了，所有的鸟声也变得不悦耳动听了。金刚座之国王问班智达道："此是何等报应？藏地僧人带走法了吗？"然后，派出神行者去追。

神行者来至关口，询问情况。守关长官说："像藏族的僧人没有经过，倒是有一边地门子、无有头发者过去了，什么亦未带走。如果是的话，现在大概已到藏地去了。"神行者听后，即返回去了。

贝若扎那因成就神足通故，从金刚座经七日到达藏地。即刻来至国王面前告白："国王所欲之法已得到，印度人于法太嫉妒故，藏族大臣们欲坏正法，国王要耳根淡泊，可能会出现谗言，请勿听彼。"

其后，金刚座的国王说："现今未能追上藏地僧人，传此法的阿阇黎是谁？要惩罚于他。"随后，做了禳解、占卦、卜算，结果不知是哪个阿阇黎。

一个精通仙人缘起法的婆罗门老妪说道："我虽明见，然不合意，所以不能对国王讲。"

国王则说道："没有关系，请直说吧。"

彼老妪道："三座山上出现一湖，其中有一块杂色地，一位全身长满眼睛、红色嘴唇一寻常之人正在讲法，如是所见，一切皆不称心故。"

听后，国王说："须派神行者到藏地去宣扬恶事。"于是，派了两位神行者去。

事后，在贝若扎那尊者正于沃摘地方给王臣们讲经之现场，突然出现了两个印度阿杂热（脚行僧），宣扬道："此藏僧从印度得不到法，便带了许多外道恶咒，要做败坏之事，是个外道，应该杀死。"言毕，即遁走了。

随后，诸大臣说道："此事若真实，会败坏藏地，必须施以水刑。"国王道："非为如此，是印度人嫉妒法故。"但诸大臣不从，国王只好捉来一个边地乞丐，给其穿上贝若扎那的衣服，并戴上帽子，装入铜盒，钉上钉子，送至河边，抛入水中。而贝若扎那则进入央宗宫殿内柱子旁所掘之洞穴内。

于午夜时，国王即呈上食品，然后听法。在圆满讲毕稀有十八心部前五十章时，被一位内臣及才邦萨玛鉴王妃察觉后，即于外面宣扬。

随即所有大臣集聚后，说道："国王之心犯大错误，将祖父库藏之所有金银涂上泥巴，说是建经堂、修佛法，却将边地人捉住后送入水中，把败坏藏地之恶咒师藏在洞里，什么亦听，应惩罚他，请放出门来。对他若不惩罚，则坏王法。"

国王听后，心里非常不悦意，即对贝若扎那说："阿阇黎，该怎么办呢？"

阿阇黎贝若扎那说："国王，我往昔亦曾在嘉莫察瓦绒地方，生为国王拉耶及王妃华姆二人之子，现今还有业缘，是所化对境，就把我放逐至彼处吧。国王谛听，在印度诸班智达中尚有智者布玛拉莫扎尊者,当迎请他来,建立讲经堂。彼时,派人研修我的一些法,诸臣对法生信后,我与国王将会重逢。"

最后,国王不能自主,被臣僚们所转,将贝若扎那尊者流放到嘉莫察瓦绒地方。

其后,贝若扎那来到北雅拉赛沃山前,上视卫藏,犹如天亮时太阳升起;下视康藏,犹如日轮沉没,天黑蒙蒙的。尊者见此情形,就淌下了眼泪,不由自主地来到嘉莫察瓦绒处,安住在山上。结果,所有藏地之鸟类聚集而来,于阿阇黎上空旋绕。

察瓦绒诸人不太生信,跑去观看。见后,说是从卫藏来的监察者,即将尊者扔进虱子洞,随后,又扔进了青蛙洞,但亦未能伤害尊者。

请上来后并询问了情况。贝若扎那尊者说:"我是藏王臣派去印度求法,后来因印度人嫉法,而谤为恶咒故,即被王臣等流放到此地。我前世亦在此地出生,是先王拉耶及王妃华姆之子,即是布尔纳比丘。"言毕,人们亦相信了,都说能够回忆前生后世甚为稀奇,就做了顶礼忏悔,将尊者双足置于头顶并恭敬承侍。

其后,贝若扎那心想:"于此甲姆察瓦荣处,应弘扬大圆满教法。"

于是,就来到众多放牧黄牛之孩童前,教孩童们念:金刚萨埵大萨埵（多杰森华森华钦）。结果，大都不会，却说成堵赛堵赛。

其中，有两童子说了多杰森华森华钦，即是旺孜玉与旺孜乐。阿阇黎贝若扎那，随即摄受了二童子。晚上，将二孩童放置于左右腋边，教授他们总义教法；白日，教学经典。最终，他俩了知并领悟了所有大圆满教法。即时，在嘉莫察瓦绒一带，将正法犹如日轮升起般做了弘传。

大阿阇黎莲花生无垢本生传记中，巴郭·贝若扎那赴印度求法，后被流放于察瓦荣地方之第十四章竟。

第十五章
国王制定严法律　莲师讲诸前世事

其后，国王心想："我欲将此藏地安置于正法中，因此派藏地具智慧者去印度，虽已得到稀有的佛法，但臣僚毁坏佛法且怀嫉妒故，使法未能行持，诸所派之求法者，亦被臣僚们加以刑罚流放去了。现今，当迎请精通内外法之印度班智达，并务必令藏地所有具智慧者或学翻译、或出家、或修法，将藏地四翼所有人摄于教下，赐予教诫。"

随后，敕令道："我乃护法国王，所以从现今起，要制订法规。谁若能出家，谁若能学翻译，谁若能修持，则将其脚下尘土捡起，作为顶戴供养境。"接着，国王即制定了法规。

而后，遍知过去、现在、未来三世之莲花生大士，以首席身份向国王及臣僚们重赐教诫，以意密语说道：

君主护法国王尊,
制定法律甚为善。
吾即上师莲花生,
了知三世身语意,
分别法性界中悟,
烦恼相续自寂灭,
执着铁锁自然解,
智慧悠然恒时现,
功德神通了知其,
未来何生现今知。
往昔如何如是知:
如我上师莲花生,
堪布菩提萨埵尊,
赞布赤松德赞王,
三人此生之前世:
于玛嘎达地方域,
生为门子三兄弟,
母乃贫母养鸡人,
为母善根建佛塔,
名曰夏绒卡秀塔。
奉献供品做祈祷,

冰雪寒冷之边地，
愿竖佛陀圣教法。
如是以彼发愿故，
于彼生之下一世，
生罗刹子仙人子，
以及梵志子三人，
于彼先前之佛塔，
呈献极大之供养，
如是各自做发愿。
仙人之子发愿为：
冰雪寒冷藏地中，
生为护法国王后，
愿树佛陀圣教法。
如是以彼愿力故，
现今转生为国王，
理应作为护法王。
婆罗门子发愿为：
汝为护法国王时，
吾成智者班智达，
愿持佛陀圣教法，
如是以彼发愿力，
虽生萨霍而聚此，

理应出家做堪布。
如我罗刹子班玛,
汝为护法国王时,
吾获成就具大力,
愿护佛陀圣教法,
如是以彼发愿力,
虽生邬金而聚此,
佛陀圣教吾守护。

印度玛嘎达地方,
名曰仙人具德及,
札玛德女二人子,
阿萨玛热寿殁后,
生为藏域岭主王,
于人所需及所欲,
诸等三藏之法部,
国王在位时出生。
印度格夏嘎地方,
娼妓札玛呢拉达,
生为其子寿殁后,
即是赤桑亚拉臣。
达玛西拉寿殁后,

即是甲朵热莫臣。
达玛札甲寿殁后,
即是赤桑拉洛臣。
达玛嘎亚寿殁后,
即是修波华桑臣。
达玛色卡寿殁后,
即是朵耶真琼臣。
达玛目札寿殁后,
即是达热乐贡臣。
彼诸六位大臣僚,
共同发愿愿聚于,
冰雪寒冷边地中,
以于印度之业缘,
现今受生于藏地,
成为国王之大臣,
国王本人在世时,
现即毁坏正法臣。
此等诸六位大臣,
在前一生之前生,
个个受生旁生躯。
前生受生为何者?
于此生亦有征相。

涅燃札热中部猪,
受生甲察拉郎臣,
先前曾经做猪形,
今亦鼻尖有黑痣。
于彼中土北方牛,
生为达热乐贡臣,
先前曾为耕牛形,
今后颈部亦有痣。
于彼地方之母狗,
生为涅西钟瓦雅拉臣,
先前涅西钟瓦母狗形,
今额中央亦有痣。
于彼地方之大鸟,
现即朵耶真琼臣,
先前生为鸟之形,
现今脐部有鸟毛。
为彼地方之恶狼,
现即甲朵热莫臣,
先前曾为恶狼形,
现今额部似狼头。
此诸旁生命殁后,
生为娼妇之六子,

发愿会聚藏雪域，
现即生为国王臣，
诸臣若亦护政教，
将亦会遇善趣法，
不信正法生恶趣。

部纳斯雅梵志子，
生为菩提萨埵尊，
出家做为大堪布，
具足众多比丘眷。

翻译园中之仙人，
比丘僧哈寿殁后，
生为比丘名华严。

涅燃札拉地中部，
娼妓酿波德耶及，
仙人格玛热杂子，
比丘嘉沃酿波尊，
护持戒律寿殁后，
生为嘉瓦确央尊。

印度境内目札地，
梵志哥纳斯德及，
嘉波拉耶贝姆子，
比丘则达寿殁后，
生为南卡酿波尊。

金刚座之娼妓女，
格玛赫朵热纳及，
仙人加纳波德子，
比丘加贝寿殁后，
生为乐耶加灿尊。

嘎乌涅域德地子，
娼妓女儿纳热雅，
从印度境寿殁后，
生为嘎瓦贝札尊。

甲玑东波郎青地，
龙姆寿命殁之后，
生为旃巴南卡尊。

仙人女儿共五尊，

从印度境寿殁后,
生为五位大比丘。

盖登代杰二王子,
从印度境寿殁后,
为益西雍仲嘎尊。

施主嘎瓦两女儿,
生为拉遮及达玛。

察瓦绒之国王子,
比丘布纳寿殁后,
生为贝若扎那尊。

我即上师莲花生,
往昔如何现今知。
国王自己在位时,
法规颁布极盛行。

言毕,国王所统辖之藏域四翼之所有君臣百姓十分随喜。其后,国王如哈达打结般令束缚于法规,将出家僧众作为顶上供养境,建立了出家大德之寺庙;对诸密咒师咐嘱修法后，建立了密咒院；对诸眷属开许随学诸法行；对诸书写读诵善逝经教者，作为供养境；对诸具大智慧、口才好者，派往印度学翻译；口语及语法等所有语类由堪布菩提萨埵教导；对诸俗人教授文字及占卜；由菩提萨埵作僧侣之亲教师和轨范师；由莲花生大士负责所有密咒教法之灌顶加持等。

大阿阇黎莲花生无垢本生传记中，国王制定法规之第十五章竟。

第十六章
迎请布玛莫扎尊　流放贝若而生悔

其次,国王心想:"必须使正法犹如太阳升起般,于藏域作弘扬。传闻印度五百班智达中,住有大智者阿阇黎布玛拉莫扎,应当迎请他来!"

阿阇黎布玛拉莫扎亦是大悲观世音之化身。

据说在印度,国王达玛阿肃嘎之公主达玛波德,美艳异常,犹如天女。她在花园内寝眠时梦到:有一位非常美丽之白人,将宝瓶中满溢的甘露倾入她头顶,从梵穴中降下后,彼身充满大乐。梦后,身体无有不适,二十一日后生下一婴儿。自言无父之子,甚为羞耻,即带至外面,丢到沙堆中。她又一看,见婴儿双目亮灿灿地凝望她,遂生起了悲悯之心,将其抱回抚养起来。日复一日,月复一月,此童子成长比别人快。

五岁那年，便去那烂陀寺，于诸班智达前学习五明。复次，又学习三藏，尤其精通一切续部。后来，在阿阇黎西日桑哈前出家，取法名为布玛拉莫扎。其后，成为一位殊胜之大智者，做了国王达玛匝扎之大供养处，偕俱五百位班智达，住在戒香寺院。

其后，国王赤松德赞就派遣译师嘎瓦·华札、觉若·雷易加参、玛·仁钦确三位带上三升金粉后，说道："到印度戒香寺去，对护法国王达玛匝札献上黄金。对我国之回礼，即请他派一位精通外内所有教法之班智达。望汝等三位译师能够请来。"

随后，三位译师来到印度，向布札玛西拉国王献上黄金，请求道："藏域国王赤松德赞言，汝是护法国王故，对他之回礼，须派一位精通所有外内诸法之班智达。"国王达玛匝札说："那须等到明日早晨用餐时，我之无上供养处五百班智达聚集后，向他们请示一下。"

翌晨，用餐时，国王迎接五百大班智达后，各个献上金曼扎，请求道："藏地护法国王说，'我捎送黄金礼品后，请派一位精通所有内外诸法之班智达。'哪位尊者愿意驾临一趟？"五百班智达中，大智者阿阇黎布玛拉莫扎坐在首席，左右两侧各安住二百五十位班智达。五百位班智达，个个都注视着布玛拉莫扎尊者，而请求说："实际上，您必须去一趟！"

尊者布玛拉莫扎心想:"藏王对佛法信心虽大,然诸臣僚却毁坏正法,传闻大译师贝若扎那亦被流放,我虽不清楚能否调伏,但不能遮止藏王之信心,亦不能违背印度国王旨意,所以务必去一趟。"于是,站起来即说了三次:"波德萨埵达腾。"

三位译师遂生起了三种理解。嘎瓦·华札理解为:"依良弓之箭,士夫若搭射,箭能至靶前。"了知尊者要去。

玛·仁钦确理解为:"依良绳之船,士夫若摇橹,船亦能渡水。"亦了知尊者要去。

觉若·鲁益坚赞理解为:"具胜功德人,于非自乡处,身瓶随何落,心水倾彼处。"同样亦知尊者要去。

随后,得到国王与诸班智达之教诲后,译师们就迎请阿阇黎布玛拉莫扎尊者,并执持写有八个梵文字之四指长嘎巴拉,来到桑耶寺。

国王及臣民们做了欢迎。莅临桑耶寺后,迎请至库萨钦穆处,阿阇黎未顶礼国王,亦未向圣像顶礼。

臣僚们请示道:"我们此寺院,先前亦迎请过许多班智达,现今亦复迎请,班智达汝对我们国王不做顶礼,亦不顶礼神殿,此是何意?"

尊者道:"汝等王臣了知顶礼之义否?"

国王答道:"不明白顶礼之义。"

尊者说道:"我已作了与圣尊无别之顶礼,其义为顶礼则圣尊像不堪承受。是故,不顶礼圣像,亦不礼国王。"

言毕,国王心想:"那可能非内道,应该是位外道吧?"

国王心中这般思忖,尊者布玛拉莫扎即刻了知,说道:"国王心里不高兴吗?"说着,布玛拉莫扎披上法衣,向国王之所依毗卢佛像作神变顶礼道:

> 毗卢遮那色像天中天,
> 布玛莫扎智慧尊作礼,
> 世俗幻化性中而顶礼。

作如是示现顶礼后,随即,毗卢遮那佛像从顶髻至莲座间都裂开了。国王心想:"肯定是外道。"就板起面孔,沉下脸来。布玛拉莫扎又问道:"国王不高兴了吗?""不欢喜啦。"尊者复作顶礼道:

> 毗卢遮那智慧天中天,
> 布玛莫扎色身之蕴聚,
> 具足五智慧义做灌顶。

说着,将手放在毗卢佛像顶上,圣像随即变得比以前更完美,并放出无量光芒,先遍满桑耶寺三顶,随后,桑耶寺之所有圣像亦光芒遍照,悉皆做了开光。

接着，尊者说："给国王顶礼。"言毕，即准备做顶礼。

国王说："您外显比丘形相，内即获证密咒成就之瑜伽士，请勿顶礼。"

布玛莫扎说："您是藏地护法国王，无论如何亦要顶礼。"说着，作了顶礼，手中放光，烧焦了国王衣服。

随即，国王亦作了顶礼。然后，请阿阇黎布玛莫扎坐上狮子宝座，铺上九层软垫，披上锦缎大氅，呈献多种珍馐，并将三升金粉倾入银瓶奉上。阿阇黎却板着脸，什么话亦不说。国王心想："南尼泊尔具贪欲者，还未满足吧。"阿阇黎马上知晓，说道："国王您撩起前襟，将三升沙子倒入，稍持片刻。"国王抓持不住，前襟滑下，沙子全变成了黄金。阿阇黎说："大国王，虽然我能将一切显现为黄金，但为圆满国王之所思，故暂时须持取黄金。"

随后，在桑耶寺顶层上砌建法座，请求尊者讲法。阿阇黎心想："以前贝若扎那亦宣说果乘法，但未能调伏，反倒被流放了，现在我应从因乘法开始次第传讲。"于是，即对王臣等宣讲法相因乘。

其时，国王派人到汉地取茶。中途商人们来至甲姆荣地方之宫殿。

阿阇黎贝若扎那问彼等道："汝等从何处来？"

诸商人道："我们从卫藏来，是国王派去取茶的。"

"哦，国王贵体安康否？王法金轭严厉乎？法规绸结紧束乎？谁为无上供养处？翻译何法？"

彼等答道："国王贵体亦佳，王法亦严，法规亦紧，供养处是从印度迎请来的布玛莫扎尊者，在译讲法相因乘。"

随后，阿阇黎贝若扎那对弟子说道："我译讲果乘大圆满教法却被流放，现今始听法相因乘，玉扎酿波您去一趟，给藏臣坏法者们来个幸灾乐祸看看。"

于是，玉扎酿波披上毛制品大氅，戴上三有绣颅帽，手持慧木宝剑，将前译后译大圆满法，归纳书写于两张纸上，做成六点金刚，放入左右耳孔中，动身前往藏地。

随后，玉扎酿波来至桑耶寺，到布玛拉莫扎正在给王臣讲因乘法之法场前，身体赤裸，将慧木宝剑当马骑，拍了拍臀部，边跑边说："嘎嘎巴热，嘎嘎巴热。"布玛莫扎来藏地后，因大臣们毁坏佛法故，他担心触犯王法，所以未曾露过笑容，而此次看见那个瑜伽士后，笑了笑说："达腾达腾。"

其后，国王将阿阇黎迎请到宫中，呈献饮食后，请示道："自从阿阇黎来藏域后，未曾有少许微笑，今日却露出笑容，此是为何？"

尊者道："先前未曾笑过，那是因为藏臣们毁坏佛法，我不生欢喜。今天微笑，那是想到藏域能有这样的瑜伽士，所以很欢喜。"

"那今天这位瑜伽士说'嘎嘎巴热，嘎嘎巴热'，是什么意思？"

布玛莫扎道：

> 彼意为我们所说之法，
> 声闻孩童之法不成佛，
> 渡鸦金刚步法不能至，
> 果乘金刚乘法不宣示，
> 宣讲法相因乘为何理？

"那阿阇黎言'达腾达腾'是何意？"

"彼意乃为诸法犹如糖、盐，自性无别，乃为佛陀之密意，即是说诸法无别之意。"

然后，国王问道："应去问一下那位瑜伽士是谁？"即派人去寻找。

再说，玉扎酿波离开后，向一卖酒婆买了块粽玛食品享用。彼卖酒婆问道："您的阿阇黎是谁？传什么法？您叫什么名字？"

尊者道：

> 我之阇黎贝若扎那尊，
> 我之名字玉扎酿波称，
> 正法乃为无上大圆满。

其后,此话传至国王耳边,国王道:"务必迎请他来讲法。"

于是,即把玉扎酿波请来,请他安住于珍宝大法座上,并奉上黄金曼扎,请他传法。

如是平等地听法:王臣上午听阿阇黎布玛拉莫扎传讲,下午则听玉扎酿波传讲大圆满前译五部及后译十三部。

藏臣们同时亦对流放贝若扎那尊者而深感后悔,于是,即派遣三位臣民带上黄金巴札,到嘉莫察瓦绒地方去迎请贝若扎那。其后,诸王臣等将尊者莲足奉于头顶,承侍为无上之供养处。

大阿阇黎莲花生无垢本生传记中,迎请阿阇黎布玛拉莫扎尊者,对流放贝若扎那之事深感后悔之第十六章竟。

第十七章
吉祥桑耶寺宇内　翻译抉择圣教法

其后，国王赤松德赞又从桑嘎拉国迎请大智者阿阇黎达纳西拉，从汉地迎请大智者阿阇黎嘎玛拉西拉，随同萨霍国阿阇黎菩提萨埵，卡切国阿阇黎布玛拉莫扎，邬金国阿阇黎莲花生五位大圣哲，偕同翻译家嘎瓦·华扎、觉若·雷易加参、纳朗·益西戴、玛·仁钦确、涅·加纳格玛热及诸位译师助理，并丹玛·翟芒、努·南卡酿波、瓦·阿杂热益西扬、古奔耶敬、洛格琼等。如是迎请了众多大班智达、大翻译家后，国王即请求讲法。

因为大阿阇黎莲花生非是胎生，从莲花中降生，自在怀摄三界有情，具足胜伏三有之力，印度及邬金之所有鬼神奉献命藏，尤其将藏域所有鬼神、夜叉皆系缚于誓言，特别镇伏桑耶寺地基故，所以应安坐三层狮子座。

阿阇黎布玛拉莫扎为五百位班智达之上首智者，能将诸佛法结合藏语而传讲，精通外内密咒教诲及经律论诸法，获证不忘陀罗尼，不昧而遍知一切法，因此安坐两层狮子座。

阿阇黎菩提萨埵，三学珍宝而庄严，不昧而遍知一切法，尤其亦是最初无上供养处，所以坐上具三层方垫之狮子座。

阿阇黎达纳西拉与嘎玛拉西拉亦是众多智者功德之庄严，各自安坐狮子座。

大译师贝若扎那，最初派往印度求法，用幻变之金粉蒙混守关者，神行者未能捉持，藏拉遮则被守关者杀死，而贝若扎那却施幻术令黄金消失。其后，无有神行者及守关者之纠缠，因此恩德极大。贝若扎那知晓二十一种语言，较其他译师尤为超胜，流放甲姆察瓦荣后，虽被抛进虱子、青蛙洞而未曾死亡，乃为住地菩萨故，所以安坐于狮子座。

其他诸位译师则坐在丝绸方垫上。

然后，国王向诸班智达及翻译家们各个献上黄金曼扎，并呈上汉地清茶、尼泊尔的果拉食品、藏地的青稞酒、印度的米酒等种种受用品，以及众多世间供品，作了顶礼转绕后请求道：

唉玛吙！

邬金阿阇黎尊莲花生，

萨霍阇黎菩提萨埵尊，
卡切阇黎布玛莫扎尊，
桑嘎阇黎达纳西拉尊，
汉地阇黎嘎玛西拉尊，
大译师尊贝若扎那等，
顶上供处圣哲洛班众！
我自诩为护法国王是，
印度邬金殊胜圣教法，
经典论部续教窍诀等，
一亦无余请译成藏文。
祈请转动殊胜妙法轮，
祈请点燃殊胜正法灯，
祈请普降殊妙大法雨，
祈请吹起殊胜正法螺，
祈请敲起殊胜妙法楗！

接着，将诸班智达、翻译家们迎请到阿雅巴洛洲后，在菩提洲内发起胜心，在沐浴洲沐浴，在弥勒洲作授记，在禅定洲建立禅院，在翻译洲翻译，在种种洲讲说诸乘教法。

于十三年间，建立了寺宇，并将印度语、萨霍语、卡切语、桑嘎拉语、汉语等佛教典籍，译成藏文后，并作传讲。

彼亦，由阿阇黎加纳目扎、达纳西拉、嘎玛拉西拉以及译师嘎瓦·华扎、觉若·鲁益坚赞、纳朗·益西德，翻译了诸经部。有：《宝积经》《大方广佛经》《大中小般若经》等。

由菩提萨埵、诸位译师助理及丹玛·翟芒等翻译了经律论三藏的所有经论。

由阿阇黎嘎玛拉西拉与玛·仁钦确二位翻译了《诸佛菩萨名号经》等众多汉地所译的经部。

由阿阇黎布玛拉莫扎及译师涅·加纳格玛热两位翻译了诸多内外密咒法。

由阿阇黎莲花生、译师南卡酿波及贝若扎那三位翻译了《众多密咒修法》、《八教续》（即八大法行续部），尤其贝若扎那劝请大阿阇黎莲花生作了许多《密咒问答录》。

大阿阇黎莲花生无垢本生传记中，于吉祥桑耶寺中，翻译抉择佛法之第十七章竟。

第十八章
国王作福寿法事　延长寿命十三年

随后，国王作了会供轮，向莲花生大士请求道："我福德极大故，一切所思悉皆成办，尤其诸班智达、翻译家们将正法如日轮升起般做了翻译传讲，恩德极大。现今还请赐予使我寿命延长之修法。"阿阇黎言："大国王虽福德极大，而生命却不能长寿，但我是获得长寿持明悉地者，因此可给国王作长寿灌顶，汝应修持长寿法。"

于是，在宫中开设金刚长寿修法的坛城，阿阇黎自己修了长寿法后，遂产生了成就验相，欲给国王灌长寿顶，饮用长寿瓶中之甘露水。

可是臣僚们却对国王说道："国王具足如是福德，寿命亦会善终，请不要喝长寿水。阿阇黎是尼泊尔的恶人，极为贪财故，长寿瓶中可能倒入了毒药，要害死国王然后夺取王政。"

国王说道："大阿阇黎乃化身，不会有迷乱相。"

但终无济于事，被臣僚们拦住了。而大阿阇黎则弹了一下响指，遂从长寿宝瓶中显出了薄伽梵无量寿坛城，住临于虚空，示现给王臣们看，阿阇黎自己又饮用了长寿水，结果，全身毛孔中遍满青稞许之黄金金刚杵。

国王见了顿感后悔，请求道："此番再不听恶臣之言，请阿阇黎大悲摄受。"

大阿阇黎复又开设长寿修法坛城，作了修持。等要灌顶时，臣僚们又对国王说："阿阇黎未死，是知晓毒咒。国王您不明毒咒，所以会死。"如是诸臣等阻止国王去灌顶。

对此，阿阇黎即将长寿宝瓶及充满"嘎巴拉"之幻化教言藏，埋在扬宗谢扎处作为伏藏，祈愿道："愿末世五百年时，我之化身忿猛具力尊，心间有黑痣具金刚图纹者，来此开启意之伏藏门，取出长寿宝瓶及幻化教言藏。获得长寿持明后，以幻化军队调伏一切魔祟外道。"如是埋藏了伏藏。

其后，国王请求大阿阇黎："给我赐长寿灌顶，我虽无有怀疑，但因臣僚们坏法故，无有自由。现今还请赐予延寿方便。"

大阿阇黎说道：

国王具权力势大，
藏地臣民信心大，

暂时国政极兴盛,
我若为王做寿灌,
能享寿命百零八;
因恶臣故无自由。
时至牛年之年初,
王享寿命五十六,
即是国王圆寂时,
福寿法事若能做,
延长寿命十三年。
尔后国王趋往生,
国政权威渐变小。
其后复过三王朝,
金刚手尊出化身,
国王名为热巴巾,
广弘佛陀圣教法。
彼国王尊晚年时,
魔鬼化身罪恶者,
彼魔出世名曰朗,
毁灭佛陀圣教法,
无疑恶劣之时临。
王法消失王争斗,
一切藏臣悉沮丧,

> 藏地零散聚集住。
>
> 其后罪恶国王彼，
>
> 密主金刚手化身，
>
> 拉隆贝吉多杰降；
>
> 文殊妙吉祥化身，
>
> 名曰贡巴萨尊者，
>
> 点燃圣教之火炬，
>
> 佛法稍稍能兴盛。
>
> 现请王做寿法事。

于是，诸班智达、翻译家们即商议国王之身寿法事，如何进行能增上利益。

事后，于外酬补而翻译了国王修证十部经。即：《般若心经见解经》《临终智慧修习经》《普贤行愿发愿经》《摧破金刚沐浴经》、《菩萨堕忏忏悔经》（即《三十五佛忏悔文》）、《白顶髻母回遮经》（即《大白伞盖经》）、《蓝衣尊守护经》、《无量寿延寿经》（即《佛说大乘圣无量寿决定光明王如来陀罗尼经》）、《财源佛母修财经》《一字经精藏经》。翻译彼等后，作为国王修证之所依。

于内酬补而翻译了《密咒酬补总及支分》。如往昔众生雷织波，因杀害阿阇黎而造了五无间罪，彼有情将堕地狱，依《吉祥普贤》作忏悔后，故而罪障清净。国王亦依此作酬补,败坏誓言之罪障得以清净矣。

于密酬补而作了四种近修支分。即《智慧胜身忏》《二十八取舍忏》《四种空行秘密忏》《见界忏》或《自性忏》等四种。如往昔婆罗门莫托坚,依吉祥金刚萨埵所诠,清净了罪障,国王亦依此酬忏一切败誓,使罪障得清净矣。

复次,于四大所生之病类作对治。汉地医师碟扎和尚,以及国王医师酿赞等作了《药续教诀》《药及精华配制法》等多种法。

于外世间傲慢者众之对治,大阿阇黎莲花生依《鬼神千网》《三有玛姆四海》,翻译了外灵咒、内灵咒、阳灵咒、阴灵咒等灵咒类一千章。

尤其在藏域龙为主宰故,作了《修龙法》《埋龙藏法》《祭龙抵押束缚法》《龙宫疗复法》《解魔法》等众多仪轨。

复又作了对治法,即《修鹏法》《马头伏龙法》《三忿怒尊合修法》等众多密咒修法。

其次,翻译了《普能王守护》《千鬼神隐身术防护》《佩戴及进入修法》等,共一百零八种守护支分。

作了如是法事修持后,原本国王身寿五十六岁即趋圆寂,以此又延寿十三年,国王能享寿至六十九高龄。如是,阿阇黎莲花生言:"福德极殊胜,身寿亦会善终,将来不会出现中断障,此二者国王皆能圆满。"

大阿阇黎莲花生无垢本生传记中,为国王作身寿法事,延长寿命之第十八章竟。

第十九章
莲师垂赐密咒法 诸王臣等作修持

其后,国王呈献从印度请来的班智达们,各三升金粉之曼扎拉,以及衣服饮食等,作了广大酬谢。赐给译师们译经奖赏,作为顶上之供养境。应允阿阇黎布玛拉莫扎等印度诸班智达们返回各自家乡去,令诸译师及臣民等护送到印度。印度人将正法开显于藏地,以及印度护法国王之恩准,对藏人恩德极大。对此,国王赤松德赞表示感谢。因为与阿阇黎莲花生及菩提萨埵二位尊者前两世有兄弟关系故,不开许离去。两位阿阇黎亦应允住下。

如是,阿阇黎菩提萨埵即于菩提洲安住于意密。卡青·贝吉旺修之女儿卡青·萨措嘉玛,彼为智慧空行种姓,十六妙龄,美如天女,阿阇黎莲花生则将彼引导为依修手印母,于钦普遮各盖洱处之空行母会供殿内，安住甚深密咒意密中。

随后，国王心想："现今不修法，亦无利益，必须请求密咒修持方便法。"于是，即来到吉祥钦普地方阿阇黎莲花生前，给阿阇黎铺上绸缎坐垫，穿上白色狼裘，披上紫色锦缎大氅，于左右两侧各摆上众多盛满米酒、葡萄酒之银勺，呈上诸多世间供品，以赞颂莲师身语意而请求道：

嗡！
大慈大悲调伏有情尊，
如炽燃身降伏世傲者，
登地长寿自在无衰身，
顶礼赞颂等同妙法身！
啊！
莲花半月金刚舌中央，
射聚猛咒具善吉祥语，
息增怀诛殊胜密咒王，
礼赞等同大吉祥妙语！
吽！
身语意之种种诸支分，
吾誓愿修吉祥桑耶寺，
大师亲自加持及修建，
胜解礼赞等同幻化身！

上座福田耳边不应求,
然因悲悯护念于我故,
一生成佛密咒诸修法,
大悲悯念于我祈垂赐!

言毕,遂五体投地作顶礼,阿阇黎即对国王道:

唉玛吹!
护法国王乃圣教主尊,
我已获证无死寿持明,
获得殊胜大手印悉地,
获得殊胜密咒觉力灌,
国王所思一切圆满作。

随后,精通廿一种语言翻译之贝若扎那、通达印藏廿一种文字之拉新涅玛、书写敏捷且出类拔萃之丹玛翟芒、译师南卡酿波、瓦·阿杂热益西扬等作抄写,从邬金语、印度语译成藏文。

依《根本九续》作了九部修法:

依《大威德游舞根本续》及《红黑大威德续》,作了文殊身诸修法类;

依《胜马游舞续》及《莲花大自在续》,作了莲花语诸修法类；

依《嘿热嘎嘎波续》及《超越世间经》，作了真实意诸修法类；

依《大胜游舞根本续》及《八卷教》，作了甘露功德诸修法类；

依《普巴游舞根本续》及《格拉雅十二续》，作了金刚橛事业诸修法类；

依《玛姆游舞根本续》及《玛姆聚集续》，作了召遣玛姆诸修法类；

依《持明游舞根本续》及《持明修行续》，作了一百零八种持明上师修法类；

依《降伏傲慢者续》，作了世间供赞总修别修诸修法类；

依《猛厉密咒续》，作了猛厉诅咒总修别修诸修法类。

接着，又作了四种特别重要之教言：

因大威德轮难知晓故，作了《犹如幻轮钥匙修法》；

因普巴难成就故，作了《四精藏合一修法》；

因玛姆虽能成就，而难役使做事业故，作了《三有玛姆轮示现死地修法》；

因父续事业虽迅速，却粗犷嗔恚大故，作了《捆缚镇邪轮修法》。

复次，阿阇黎莲花生作了《甚深殊胜八教合一精滴修法》及《吉祥善逝修法》。

依《善逝总集根本续》《现前菩提后续》《密咒后后续》《未圆补充续》《辨析钥匙续》等续部修法，作了《寂静修法殊胜百部》《真实五部》《大密独部》《纯一手印》等修法类。

将忿怒坛城七百二十五饮血圣尊，集于一坛城而修持故，作了《大、中、小生圆修法》以及《密咒恒常修法》等修法类。

之后，以国王为主的君臣八人，于钦普盖尔寂静处，依次圆满请求后，阿阇黎即开设寂猛圣尊两种坛城，作了灌顶前近修。

初于寂静坛城中，圆满授予诸共同灌顶。

随后，进入忿怒坛城时，王臣八人各个投掷一两重之金制花朵，随花朵降处所相应之法，亦垂赐如是法：

因国王之花朵落在中央大胜坛城中故，阿阇黎赐予《善逝总集续》及诸修法类；

努·南卡酿波之花朵落于真实意坛城中故，阿阇黎赐予《真实意续》及诸修法类；

努·桑吉益西之花朵落于文殊身坛城中故，阿阇黎赐予《文殊身续》及诸修法类；

安南·甲瓦确央之花朵落于莲花语坛城中故，阿阇黎赐予《莲花语续》及诸修法类；

娇姆卡青萨之花朵落于金刚橛坛城中故，阿阇黎赐予《普巴事业续》及诸修法类；

卓莫·贝吉益西之花朵落于玛姆坛城中故,阿阇黎赐予《召遣玛姆续》及诸修法类;

朗·贝吉桑盖之花朵落于普调傲慢者之坛城中故,阿阇黎赐予《世间供赞续》及诸修法类;

贝若扎那之花朵落于黑色具力坛城中故,阿阇黎赐予《猛厉诅咒续》及诸修法类。

随后,阿阇黎将《灌顶次第》及教言圆满赐予,并令王臣们成熟解脱。

事后,王臣们精进修持,个个具足了成就验相。

本来国王寿五十六时圆寂,因延长十三年,享寿六十九岁,蕴聚证悟为圣尊坛城,能行于一切佛刹。

七位大臣亦获得成就:

南卡酿波能驾驭日光飞行;

桑吉益西能将普巴杵插于山岩之中;

安南·甲瓦确央能发出吉祥马鸣声;

娇姆措嘉能杀死而又能令复活;

贝吉益西亲见空行尊颜,能派遣世间玛姆作事业;

朗·贝吉桑盖能将天神、罗刹、八部役为仆使;

贝若扎那能派遣世间傲慢者行持事业。

彼等获得之成就相亦无量出生也……

大阿阇黎莲花生之无垢本生传记中,莲师垂赐密咒修法,诸王臣等作修持之第十九章竟。

第二十章
护圣教故立护法　翻译一切猛厉咒

国王心想："于末法浊时五百年，我之寺宇亦须有一尊做护持之护法神。"于是，在阿阇黎莲花生前作了会供轮，请求道：

唉玛吙！
大阿阇黎具足恩德尊：
未来末法后期五百年，
如我具福国王未出生，
奸臣恶毒藏地零散分，
中央四翼镇肢寺宇等，
寺中护法由谁来承担？

> 护教凶煞厌胜等恶咒,
>
> 大悲阿阇黎尊请垂赐。

阿阇黎道:"于末法五百年恶世,国王此寺宇之护财护法神,以及护教之诸恶咒,极为必要。国王汝对护财护法神,满意之鬼神,我即令彼系缚于誓言,安置为护财者。"

国王道:"一般此藏域四翼,是龙做主宰。特别与我亦是朋友,能力及神变亦大,也是宝藏之主,请将此龙作为护财者。"

如是请求后,阿阇黎与君臣们来到玛卓热坚湖边,摆上一天珠杯水朵玛,莲师即安住于降龙摄权等持中,左脚拇指伸入湖中,手结铁钩印,念诵道:"纳嘎热杂昂格夏杂。"

刚刚念毕,湖水即高高涌起。其中,龙王偕同眷属,龙低着头来至湖面上。

阿阇黎见后说道:"汝等以不恭敬之姿态头低低地来此,所为何事?"

龙王道:"非为不敬,我等若如理而来,见触口气等有剧毒。虽不能害阿阇黎,但对诸眷属会有伤害。阿阇黎若发怒,担心会摧毁所有龙城。"

"那请你作桑耶寺之护财护法神。"

龙王听后,说道:"请勿如此说。于末法五百年来临时,人们贫穷匮乏,挖险地、毁险石、伐险木,我等龙王若不违背阿阇黎教言,则我之眷属等将遭迫害。"

听龙王这样说后,赞布国王道:"大阿阇黎尊,作护财之承诺若不答应,则我之财库会空尽故,龙是财宝之主,所以请赐予财之悉地。"

如是请求故,阿阇黎对龙王说:"如果不作护财者,请用财宝装满国王所有财库。"

龙王说:"应当供奉财宝给阿阇黎及国王,从今日起至第七日时,请打开所有宝库,王臣等一切人听到任何声响,亦不要朝外边看。"言毕,所有海龙王都消失了。

随后,阿阇黎及王臣们返回。至第七日清晨,打开所有财库。

最初,见雾气笼罩整个桑耶寺。接着,又听到无数声巨响,所有宫殿、寺宇全震动起来。国王非常恐惧,即令一位大臣去看。此大臣看后,回来说道:"桑耶寺内所有地面上布满龙蛇。"言毕,他马上吐血而亡了。

之后,声响停止了,雾气亦消散了。阿阇黎即对国王说:"请到库藏里去瞧瞧。"原本国王之珍宝仓库共有一百零八座,因做善事故,悉皆空尽,现在又如前全部充盈。

国王看后,心中非常欢喜,赞颂道:

唉玛吙!

随欲生处如意大宝珠,

> 所化对境一切有情众，
> 贫穷匮乏痛苦令解脱，
> 顶礼赞颂化身大宝尊。

其后，国王请求阿阇黎道：

> 一切智智化身大宝尊，
> 我之所依吉祥桑耶寺，
> 守护诸财护法由谁做？
> 请求遍知上师对我述。

阿阇黎赐教言：

> 妙哉国王大尊主，
> 时亦愈来愈衰败，
> 王之圣依桑耶寺，
> 逐渐毁坏为沙尘。
> 未来国王心入魔，
> 国王内诤互争战。
> 寺宇殿内起诤斗，
> 将遭大炮火石毁。
> 中央镇肢边围等，

诸恶人众来行履。
箭盾作战法轮地，
毁坏圣教及僧侣。
诵密咒者遭凶死，
法衣下面藏利刃，
剧毒杀害具力者。
国王子嗣无能替，
士夫内诤遭刃杀。
咒师内诤较咒力，
一生之中执兵器，
碉堡瞭望作守护。
父系兄弟内相残，
刀兵劫难盛行临。
修法行者不依止，
却敬狡诈欺诳者。
恶衣狗氅着草帽，
器械棍杖随身携。
开示恶法断空见，
酒席座上法语多，
即为圣教毁灭兆。
彼时寺宇护财须，
战神之王白嘎尔，

> 现今霍尔之国境，
> 国王下令遣军兵，
> 摧毁巴达霍修院，
> 彼随财物而到来，
> 尔时吾遣令护财。

之后，国王带领地方法纪军队，摧毁了巴达霍尔修行院，白嘎尔亦就跟随财物而来。

此白嘎尔亦名木鸟鬼王，亦名魔鬼黑父尊，亦名战神之王白嘎尔。

> 百名虎裙勇士首领右，
> 百名比丘罗汉首领左，
> 身后跟随百名黑僧人，
> 身前清道百名黑妇人。
> 甲张结张百名外大臣，
> 门子波扎百名内大臣，
> 身体消遣龙狮虎狮百，
> 化复又化猿猴猕猴百，
> 孔雀花猫百只俱偕来。

随后，阿阇黎莲花生将其系缚于教诫及誓言，于白嘎尔洲中安立所依，并把吉祥桑耶寺及所有寺宇之财物，托付于他守护。

接着，由阿阇黎莲花生、巴郭·贝若扎那、努·南卡酿波、瓦·益西央等，翻译了护教恶咒，非天罗刹八部：白冈、黑魔、红赞、索命夜叉、屠夫罗刹、施病玛姆、怒曜、毒龙诸续部及无量修法。

尤其译出了护教者黑色吉祥怙主、黑色吉祥天母、紫蓝色护咒天母等诸续部及无量修法。

又译出了非天罗刹八部之首领——屠夫白嘎尔、大冈司命主、藏赞多杰拉巴等诸续部及无量修法。

复译出了上方主宰者曜星冬母等冰雹事业、天铁霹雳及地下主宰者龙魔施放种种麻风病之厌胜咒等无量猛咒恶咒。

然后，把护教修法交付于国王。

阿阇黎莲花生及贝若扎那对国王说道：

把《洛班意精甘露滴修法》交付具缘藏王赤松德赞汝守护，当谨慎忆持于心中。

具足上等法器者，
或为中等大悲者，
或者下等具财者，
此三不具莫交付。
倘若恶咒乱宣扬，

密咒主尊主母亦，

定会施教予惩罚，

杀死国王取汝命，

随后堕入三恶趣，

应护持如珍宝命。

言毕，交付于国王守护。国王非常欢喜，就将查乐下冬马为主等六匹骏马，严饰以金辔头、玉笼头、紫檀木鞍、具骰纹之锦缎霍尔坐垫及六升黄金，并同国王项饰——措洛沃巴松石项链，供养给阿阇黎，作了顶礼转绕。

阿阇黎对国王说："幻化的财物无有贪执而作供奉，真是稀有之好财物。"

国王心想："阿阇黎虽获得成就，然从尼泊尔来之缘故，显现上仍沉溺于财宝。"

国王此想法，阿阇黎立即知晓，说道："国王撩起前襟。"即将三升沙子、一升碎石颗粒倾入国王前襟中，又说道："少许执持一会儿。"

国王说："执持不住了。"前襟滑落，见沙子全变成了黄金，碎石变成了松石。

阿阇黎说道："为了净除国王垢障，以及积累福德故，仅暂时受取供养。对我而言，一切显现都是黄金，我并不需要财物，国王自己随意享用。"

如是赐教后,国王非常后悔,说道:"大阿阇黎尊,我乃边地者,罪障大故,多生疑心,化身尊前作忏悔,具恩大悲请摄受,开示败誓酬补法。"言毕,身体扑地,五体投地顶礼,痛哭流涕。

阿阇黎说道:"国王乃众生,虽生分别念,然并未坏誓,我等为瑜伽士故,不会对你不高兴。国王当以见修作忏悔。心中勿留分别垢障,主行十善,断除十恶,随作与法相合,当以正法护持国政,勿令罪恶臣等诋毁,法之敌人即是疑虑,所以应无疑修持佛法。"

之后,赐予国王《誓言沐浴法》《誓言酬补恒忏仪轨》及《金刚萨埵百字明》《饮血尊百字明》《如来百字明》等三种修法。

大阿阇黎莲花生无垢本生传记中,为护持圣教而翻译"护财修法"及"恶咒法类",并开示誓言酬补方便之第二十章竟。

第二十一章
正法教诀作伏藏　授记赤松德赞王

随后,阿阇黎莲花生对国王赐教言:

如我莲花生,以及贝若扎那、南卡酿波、阿杂热·益西央等,为护持国王汝之王法故,翻译了恶咒类。把邬金语、印度语、桑嘎语、美热则语、尼泊尔语、萨霍尔语、汉语、铜洲语、金洲语、贝达语、卡切语、空行表示语、夜叉罗刹非人语、幻轮音等综合汇集后,译出所有恶咒猛咒。为护桑耶寺产故,从巴达霍尔国请来白嘎尔护法神,交付其守护。

> 诸多一生成佛正法藏,
> 为利岭主国王已翻译,
> 但因国王非常散乱故,

未曾修习仅仅结善缘。

国王此经十七世末时,

能遇法故现今埋伏藏。

此护圣教一切诸恶咒,

少数具缘能获此伏藏。

彼亦逢遇牛羊龙狗年,

以及鸡猴自在二属相,

具缘开取亦不会断命。

非彼四年无权取伏藏,

倘若开取亦会速死亡。

今法严故不必付命灌,

恶世临时需此今埋藏。

彼亦,如何埋藏伏藏呢?

于三层顶部各个库藏,分别埋入国王命藏,此为法藏;

于三王妃所建修之沃察金洲、三界铜洲、善增沙洲,此殊胜三洲,分别埋入命藏;

于上下雅夏,各个埋入伏藏;

于四洲八小洲,各个埋入伏藏;

于白嘎尔洲之四怙主殿,分别埋入力藏;

于四方四佛塔中,埋入白法藏、黑力藏、红工巧藏、黄药藏;

于钦普寂静处，埋入阿阇黎大意藏；

于南吉漆神殿内，埋入《所欲普生续》及《三藏总集》；

于翁塘寨陇处，埋入《一切心部修法》；

于翁塘盖丽处，埋入《玛姆汇集》及《一切母续》；

于江札敦则神殿内，埋入《红黑大威德》及《一切恶咒》；

于湘札敦则处及娇敦则处，埋入《一百零八种恶咒》；

于意日藏张处，埋入药术、占卜术以及珍宝三种；

于则处神殿内，埋入《续教窍诀》；

于康陇唐仲玛处，埋入《十三天母续教》及《一切利刃法》；

于东干布拉切卡处神殿内，埋入力咒及神变恶咒；

于玉热叉洲处，埋入《十三恶咒》；

于洛札沃唐处，埋入《善逝总集》及《一切灵咒玛姆修法》；

于达仓桑格洞内，埋入《正觉法部》；

于蒙卡涅让处，埋入《约嘎总滴》及《四种利刃触断》；

于札吉央宗处，埋入《一切普巴》及《大威德》；

于贝洛札宗及达仓桑格洞内，埋入《一百种猛咒》及《三十恶咒》；

于普拉宗洞内，埋入《四赛母恶咒》《秘密恶咒》及《秘密独橛》；

于札真波瓦吉处，埋入《空行母密藏》；

于普让南肯处，埋入《上师意藏》；

于卡日冈札处，埋入《药文修法类》；

于央普让莫处，埋入《龙魔利刃》；

于藏普莫切处，埋入《寿主大威德》及《廿一觉冬法》；

于修拉札莫昌处，埋入《冈魔赞三法》；

复又于一切险峻山岩，埋入一百零八种小伏藏，为各个具缘者发愿后，作了安置。

此诸伏藏出现时：

> 口食恶劣食品牛毛敝衣穿，
>
> 一切法轮被毁兰若（寂静处）遭焚烧。
>
> 教法买卖杀人之后偿经典。
>
> 行持残杀事业身上着铠甲，
>
> 格西受封军官比丘刀下死，
>
> 兰若发起诤斗静处变城市。
>
> 咒师寻求财产秽恶食品做，
>
> 尊主背逾盟誓勇士刀下杀，
>
> 藏域犹如铠甲四散八裂碎。
>
> 父子相互诤斗伯叔内诤杀。
>
> 呼叫战神魔妖盗匪拦险路。
>
> 男人心中入男魔，
>
> 女人心中入女魔，

> 孩童心中入鬼祟，
> 一切皆被魔主宰。
> 非人八部起混乱，
> 疾病灾荒劫出现。

彼时，会发生三种不堪能：

土地不堪能埋藏伏藏，一切法藏宝藏自然启现，出现金银诸珍宝；

托付财产之护法不堪能，强盗抢夺三宝之财产；

僧人修习正法不堪能，自不修习，为贪求财产出卖佛法于他人，自不修行，为求美誉而为他人做宣讲。

如此恶世来临之时，国王会逢遇吾之正法诸教诀。

过十六世后，自此界西南名为丹谢地方，山谷形状犹如展开之红马尸体处，属相为龙：

> 贤善种姓诸人恭敬，
> 智慧广大具足大悲，
> 勇猛精进勤于修持，
> 誓言清净贪心微小，
> 心胸开阔寡言少语，
> 性情宽和不谤他人，
> 智慧敏锐极为聪颖，

肤色白皙性情贤和。

如是士夫出生之后，定会值遇我对国王所教诫之一切正法，于彼生中将成就正等觉果位。

再者，国王因屡次流放贝若扎那及努·南卡酿波等诸位译师，败坏誓言而引起之过患故，致使将来臣民对正法无有信心，诸具大法缘者，都会退失一次信心。以彼因缘故，当多次向上师三宝阿阇黎行持净忏。

彼时，应依吾之教诫去行持：

境之精藏远离故乡执持法性界；

处之精藏依止森林兰若离舍宅；

修之精藏修习明空法性住静处；

屋之精藏安住无有偏私法性界；

所知精藏忆持正知正念勤行善；

库藏精藏菩提心基积累三身财；

福德精藏身语意三不住庸俗行正法；

商议精藏询问善逝佛陀上师之教诫；

父亲精藏背负大悲普贤悲心摄众生；

母亲精藏背负大慈佛母（普贤佛母）众生护如子；

妻之精藏修习无散明空等持恒常伴；

子之精藏生起五部善逝生圆等持修；

财产精藏书写善逝经典观察于心中；

福田精藏生起信心福田顺法行事业；

眷属精藏依止空行护法会供献朵玛；

食品精藏享用法性无生甘露无变等持修；

解渴精藏饮用上师教言甘露恒时做祈祷；

衣服精藏受取灌顶三昧耶戒修行至究竟；

喧哗精藏修习聚射等持修炼觉性妙力用；

受用精藏禅坐修行法行道次第成熟三门；

戏剧精藏渐次习练修持生起圆满二次第；

战神精藏恒常无有间断供奉智慧圣本尊；

上供精藏顶间观修金刚阿阇黎尊虔祈祷；

事业精藏书写圣教经典布施所欲之妙法；

明镜精藏观修纯正妙法精勤勇猛做祈祷；

神殿精藏修习自身坛城显明观修为本尊；

装饰精藏修持四无量心无有偏私利众生；

法之精藏安住自心法性无有改造明空性；

誓言精藏无有间断观修自心心性清净修；

窍诀精藏相续远离狡诈谄诳修习耳传教；

坛城精藏安住无有变迁密意法性界之中；

见解精藏观修无有迁变法身认证自性面；

修习精藏修持无生本尊坚固法性作行持；

行为精藏行持无取无舍远离贪心之执着；

> 果位精藏自己安住三身之故不觅余果位。
> 若能如是行持,彼生之后,于极乐刹土获得佛陀果位,化生
> 受身于莲花蕊中矣!

阿阇黎如是对国王作了授记,将诸修法埋为伏藏。国王非常欢愉,再次献供顶礼。

事后,大阿阇黎于青浦处安住密意,国王继续护持着国法以及佛教法规……

如是,国王于虎年奠基桑耶寺,马年竣工,羊年翻译诸法藏。本来牛年寿五十六岁时圆寂,因做身寿法事而延长了十三年。后于虎年六十九岁,国王趋入涅槃时,因身边无有其余亲眷故,对臣僚们留下了诸多遗教后,溶入于圣文殊菩萨心间。

大阿阇黎莲花生无垢本生传记中,将诸正法教诀埋为伏藏,并对国王作诸授记之第二十一章竟。

第二十二章
足履藏域修行地　埋意伏藏赐教诫

其后，王子穆德赞普继承王位，如同父王用佛法来护持国政，将阿阇黎莲花生莲足奉于己顶。为阿阇黎铺设柔软锦缎坐垫，披上白色狼裘，陈设葡萄酒、米酒等饮料，呈献种种珍馐供品，供上镶饰金、松石珍宝之银曼扎拉后，请求灌顶及赐予教言。阿阇黎亦对王子授予了薄伽梵寂猛佛陀坛城灌顶，赐予寂猛双修教言，令其圆满成熟解脱。

之后，阿阇黎菩提萨埵亦于菩提洲中，趣入圆寂摄入化身坛城。阿阇黎与王子二位将尊者法体用绸缎包裹，装入栴檀盖仓中，其盖仓以金、松石为镶饰，作为供养所依处。

随后，阿阇黎道：

如我邬金虹身莲花生，
积累福德缘故生邬金，
三千六百寒暑居印度，

（注：三千六百仅指代年岁久远）

随因缘故光临藏雪域，
五十一载安住此雪域，
发愿力故作王供养境。
虎年之时奠基桑耶寺，
马年竣工圣依桑耶寺，
圆成护法国王所思欲。
牛年国王五十六岁时，
彼载应为国王逝世时，
做寿法事延长十三载，
虎年六十九时趋涅槃。
授权穆德赞普承王位，
我亦灌顶圆满赐教法，
如同先前国王佛法规，
君臣应护昌荣之国政。
无上供境菩提萨埵亦，
菩提洲中摄入化身坛，
现今吾亦不于此安住，
寻觅修行福地行善去。

事后，阿阇黎于钦普寂静处，安住意密三月又三日；

于札吉央宗处，安住意密五月又五日；

于帝卓札嘎处，安住意密七月又七日；

于门卡涅让处，安住意密一月又十日；

于门拓札嗒擦穆处，安住意密三月又三日；

于门贡岩洞处，安住意密一月又七日；

于穆德谢吉巴玛冈处，安住密意一月又十日；

于雅龙谢吉札普处，安住密意三月又三日；

于甲吉则热处，安住密意二月又四日；

于德赛冈处，安住密意五月又五日；

于洛札卡切处，安住密意八月又八日；

于札热札贡处，安住密意七月又七日。

如是，加持彼诸寂静处为修行圣地，足迹踏遍藏域，为未来具缘者埋下诸多伏藏，以及各种标题及标题密要钥匙，并为各个具缘者立下誓愿："愿具缘者能相遇！愿具缘者能行持！"如是发愿后，又以伏藏印、交付印、埋藏印三次第印持，并做赐教："嘱咐作护持，隐秘埋伏藏，甚深殊胜持！"

随后，大阿阇黎说道：

后世遇我之伏藏法者，此教诫当谨记于心！

后世遇我之伏藏法诸具缘者，若不能长养教诀，会出现突然恶因缘故，应做保密。窍诀公开炫诩，他众生起嫉妒贪欲诽谤故,应做出生修持验相。

名利排场若广,他众会作损害,故当具足修法咒力。

应如大地般守护誓言,若败坏誓言,则此生不祥,来世亦堕入地狱。

见解应如虚空一样高,若未抉择正见,则会行于歧途。

修行应稳固如同金槭,若未坚固修习,纵外表伪装修行,亦得不到稳固。

行为应具足定见,狡诈伪装不能调伏他众。

窍诀应如库藏般隐藏,若广传则失坏,不会受到尊重。

如何禅修,亦应于窍诀上师面前作根本之抉择,若无有上师加持,法亦不会生起加持。

见行草率会出现中断,正见勿多言说,行为亦不要随便任意。

法之究竟臻达誓言及大悲,自己誓言清净,大悲摄受他众。自己修持妙法未出现验相间,不能赐予他众。

因他众对法不生信,亦不会珍惜故,教言及正法不要一并赐予。因传法后会出现断绝关系,所以当观察法器。

此伏藏法极为甚深故,当谨慎行持。若如是做,自然出生加持,由自中获得佛果,他众会供奉一切所欲所需,受到诸众恭敬承侍,天尊赐予受用,所思如意成办。能行持佛陀传承,证悟法义,建立僧团,弘扬圣教。

若不如是行持,自己未获得修法觉受,窥他财食,则是出卖佛陀正法之败类、僧伽中罪人、具罪阿阇黎、地狱协商者,利己堕地狱,浪费人身宝。

吾之伏藏甚为严厉故,应知善为长养!

大阿阇黎莲花生无垢本生传记中,足履藏域修行地,并埋藏意伏藏门及作教诫之第二十二章竟。

第二十三章
莲师欲赴罗刹国　谢绝诸君臣挽留

于肩胛骨形状之南赡部洲，柄部有楞伽部热罗刹国。彼亦靠近邬金国，罗刹漫出后会残杀人类，摧毁印度、尼泊尔、藏地等一切地方。为赐予赡部洲众生无畏布施故，阿阇黎莲花生心想：应管护罗刹。计划从吉祥桑耶寺前赴铜色吉祥山顶。

藏地国王天子穆德赞布及大臣、出家男女二众、善知识、咒师、大修行者、瑜伽士、医师、书写念诵者、长者、妇女等男女施主，所有藏地臣民请求阿阇黎安住。然尊者不开许，对诸藏人唱起悲伤之歌：

　　　　　　纳莫热纳格热！

无量光尊观世音菩萨,
汝之大悲周遍诸有情,
祈请加持吾等所化后,
亦令三界轮回成空尽。
谛听藏域国君臣民众,
我乃邬金上师莲花生,
往昔因缘之故临藏地。
国王意之所思圆满后,

　黑暗笼罩藏地中,

　正法日轮已升起,

　安置诸众善与乐,

　藏域岭主已入寂。

　现今藏地不安住,

　藏人与吾不随和,

　吾将前赴印度国。

　国政不依佛法护,

　臣僚操纵于国王,

　藏诸王臣吾不和,

　对罪恶王失所望,

　吾将前赴印度国。

清净戒律不守护,
酒肉妇女暗依止,
藏诸僧尼吾不和,
对狡诈者失所望,
吾将前赴印度国。

不依经论教典讲,
以染污法欺他众,
藏诸导师吾不和,
对偏袒者失所望,
吾将前赴印度国。

入定后得不相契,
少许了知为证悟,
藏诸修士吾不和,
对禅坐者失所望,
吾将前赴印度国。

清净誓言不守护,
大乘咒如苯波诵,
藏诸咒师吾不和,
对毁誓者失所望,

吾将前赴印度国。

不具正法见修义，
虚浮夸张自欺诳，
藏瑜伽士吾不和，
对狂放者失所望，
吾将前赴印度国。

人规正法不相契，
恶心圣教弃水中，
藏诸长臣吾不和，
对恶求者失所望，
吾将前赴印度国。

不行无偏私布施，
吝啬积累饿鬼因，
藏诸施主吾不和，
对谄悭者失所望，
吾将前赴印度国。

信心悲心不相契，
轻信跟随狡诈者，

　　　　藏诸女人吾不和，

　　　　染心荡妇失所望，

　　　　吾将前赴印度国。

　　　　藏诸弟子随安住，

　　　　我将往赴罗刹国，

　　　　祈愿日后重相逢！

其后，藏地徒众、诸王臣们个个心灰意冷，心跳闷绝，泪流满面，哽咽窒息，个个如土墙倒塌般作顶礼，将阿阇黎莲足奉于己顶，拉着尊者衣服请求道："大阿阇黎若去印度国，无有所需断除之内外增益。先王在世时，尊者具大恩德，现在还请大悲摄受藏地诸王臣，无论如何请住下来！"

阿阇黎听后，说道："吾于先王在世时已广弘圣教，汝辈随学诸君臣众，当依吾之施主福田法规而护持。吾到印度国去，虽无有需要断除之内外增益。如是，然从楞伽部热罗刹国中有罗刹漫出，如不调伏彼等，则会残食赡部洲诸众生，调伏彼等之时已至，是故应去调伏罗刹诸众。"

言毕，唱起了道歌：

　　　　上师尊者垂加持，

　　　　本尊圣众赐悉地，

空行母众除中断，
即祈请已求加持。
吾乃邬金莲花生，
海生莲花内中出，
胞胎污垢未曾染，
生处无比极殊胜。
最初邬金国境内，
恩札菩提之王子，
转变国政入正法。
中间印度国境内，
拜谒贤哲诸胜士，
精进闻思作修持，
获风心义二自在。
最后光临藏雪域，
调伏世间诸傲者，
国王所思圆满做，
究竟熟解所化众。
现今五浊恶世时，
具诤辩时之边末，
总之三界诸有情，
趋入无误道者稀。
邪念恶魔做主宰，

尤其劫夺众生命，
异熟引入三恶趣。
西南罗刹小洲中，
嗔恚罗刹做鸳鸯，
调彼士夫除我无。
吾身已成金刚身，
证得瑜伽寿持明；
语获密咒法成就，
咒力能力圆满具；
意证三世佛意密，
现前无二心性义。
现时六道有情众，
为施无有怖畏故，
去伏西南罗刹众，
以大慈悲菩提心，
邪念食肉罗刹众，
方便调伏置正法，
诸众于佛刹土中，
善乐二种去安置。
汝藏王臣诸徒众，
身体长时随安住。
吾获无生死身故，

死亡迁变吾无有；

身四大获自在故，

无有不乐痛苦患；

慈悲二获自在故，

饶益众生无疲厌；

风心二法获自在，

四种事业无阻碍。

汝等此住王臣徒，

敬信胜解诚祈祷，

吾亦大悲铁钩摄，

无变敬信勿令失，

与吾再再能相逢！

如是言后，莲师不开许继续安住。诸王臣等悉皆哽咽窒息，心中变得空荡荡的。

大阿阇黎莲花生无垢本生传记中，莲师意密欲往西南罗刹国，诸藏王臣祈请延住，而师不允之第二十三章竟。

第二十四章
大阿阇黎莲花生　垂赐教言于藏王

大阿阇黎莲花生意密欲往西南国调伏罗刹时,天子穆德赞普请求道:"若阿阇黎不居藏地意密赴印度,请问后代诸位藏王如何作行持?"

如是请求后,阿阇黎尊者即对藏王宣说道:

> 具足福德藏域诸国王,
> 国王秉性勿交臣民友,
> 君主勿行平民之行为,
> 性格贤善正直极稳重。
> 具足信心内使征询时,
> 目标决定不断坦然说。

危害国政言谈无须听，
不可暴躁寂静且调柔。
要事奖赏分量作商议，
勿需太多适当许则佳。
臣僚贪欲大亦无智慧，
法政堡垒被毁危险大，
大臣操纵驾驭国王时，
财物以及罪恶当谨慎。
王政若衰国王亦衰落，
勿轻转变当令耳根钝，
凡事半隐心中心量阔，
始能达至国政永久远。
对诸王妃及余诸妇女，
贪婪大故心意遭系缚，
彼此混杂善恶亦不分，
不能信赖之人不应依，
善法不至自命遭杀险，
和护外眷食护内眷属，
舍弃偏袒厉语平等言。
经堂圣殿以及供塔等，
福德虽大后亦造罪因，
是故于前已具当敬重。

翻译正法清净做校检，
妙法教诫正量作受持，
三宝犹如眼目应珍爱，
趋入诸乘教法各个宗，
虽以种种方式证果位，
然应受取密咒金刚乘。
居处过多放荡遭衰险，
故而应当稳重善观察。
南尼泊尔边地人无智，
不可信任有欺诳之险。
有衰险故宫殿慕勿迁，
毋须操心稳重应安住。
诸王妃等亦是国政基，
心胸宽广并应学安忍，
布施食品器具应清净，
身仪端庄资财善护理，
不应涣散行仪当调柔，
不应多语和言心量阔，
和善悦言护持外内眷。
太子兄弟姊妹入正法，
现世持戒后世生善趣。
吾莲花生现今即离去，

> 现前安住以及未来之,
>
> 藏诸国王心中如是持!

阿阇黎如是垂赐教诫。

大阿阇黎莲花生无垢本生传记中,莲师对藏地诸国王垂赐教诫之第二十四章竟。

第二十五章
大阿阇黎莲花生　对诸藏臣赐教诫

车桑亚拉等诸位大臣向阿阇黎莲花生请示道:"上师不住藏地意密赴印度,藏地后世诸位大臣如何行?"

如是请示后,大阿阇黎道:

> 作为藏王大臣诸众们,
> 承侍君主身语应恭敬,
> 内宫王妃之前做承侍,
> 外政随顺佛法做护持,
> 悲悯疼爱臣民之生计,
> 管理臣务王前为臣僚,
> 国泰民安法规当严厉。

修建三宝所依以及大乘寺，
王宫国域向外观望做护持，
明晓慈嗔通达善恶义理故，
应先如理商议思维善恶义，
事已成办后悔无益不能改。
最初三思行事后果不善亦无悔。
大信依法供养三宝之人即法臣，
大智商议善巧观察之人即贤臣，
勇猛谨慎方便伏敌之人即武臣，
内无恶心聪慧善政之人即谋臣。
国王国政优劣系乎臣僚之善恶，
观察料理妥善护持国王之国政。
莲花生吾现今即离去，
现前安住以及未来之，
汝等藏臣心中应忆持！

阿阇黎如是垂赐教诫。

大阿阇黎莲花生无垢本生传记中，莲师对藏地诸大臣垂赐教诫之第二十五章竟。

第二十六章
大阿阇黎莲花生 对藏僧尼赐教诫

其后,涅·迦纳格玛热等藏地诸位僧尼向阿阇黎请示道:"上师不居藏域意密赴印度,藏地后世诸位僧侣如何行?"

如是请示后,阿阇黎道:

趋解脱道未来诸僧尼,
远离世法趋入解脱道,
离别父母亲友无贪行。
剃发出家着导师法衣,
传戒堪布阇黎师尊前,
受取沙弥比丘诸戒规,
远离恶作护学处次第。

居处以及钵盂善清洁,
承侍堪布阇黎长老僧,
善为洒水清扫曼扎拉,
一切悦意供养善庄严。
初夜黎明勿睡作善行,
种种真善法行道次修,
毁坏律仪应当及时忏,
正知摄持学处离败堕。
安住僧团勿居家宅处,
尤其母亲姐妹亦勿依。
为诸供处应远离罪堕,
若行现乐后世入正道。
为断轮回女子出家众,
生世恶业低贱无戒慧,
断除贪执男众护净戒,
勿去俗宅应住尼僧团。
听讲求学随力积善法,
念诵转绕礼拜郑重行,
无有谄诈护戒律学处,
若尼还俗现苦后堕狱,
是故奋力清净护律仪。
莲花生吾现今即离去,

> 现前安住以及未来之，
>
> 藏诸僧尼心中应忆持！

阿阇黎如是垂赐教诫。

大阿阇黎莲花生无垢本生传记中，莲师对藏域诸位僧尼垂赐教诫之第二十六章竟。

第二十七章
大阿阇黎莲花生　对藏导师赐教诫

嘎、觉二位尊者为主之藏地诸善知识导师，向阿阇黎请示道："上师不居藏地意密赴印度，后世诸善知识导师如何行？"

如是请示后，阿阇黎道：

> 贤善具德藏地善知识，
> 阇黎贤哲上师尊之前，
> 问诵听闻善思维讲法，
> 三藏法部内外密咒教，
> 一切诸乘法义善巧学。
> 修学一切所知学处故，

精湛掌握五明诸学处。

已成他众恭敬处,
具足福德散漫时,
应断我慢嫉妒心,
自高自大此勿作。
口说言辞随学习,
随顺诸众如法行,
谓我智者他众非,
应断如是罪嫉妒。
欲求学之补伽罗,
喜何信何诸法教,
自之上师阿阇黎,
身语意三敬承侍。
随有财食等奉献,
妙法不应轻易足,
拜谒询问诸智者,
勿要造作太嚣张,
功德应以法充盈。
断除计较道友心,
获得少许功德时,
勿要高傲具私欲。
主应大悲摄诸众,

披戴四无量铠甲。

自续若未以法调，

则何能调伏他众？

贤哲应调自相续。

莲花生吾现今即离去，

现前安住以及未来之，

藏诸导师心中应忆持！

阿阇黎如是垂赐教诫。

大阿阇黎莲花生无垢本生传记中，莲师对藏域诸善知识导师垂赐教诫之第二十七章竟。

第二十八章
大阿阇黎莲花生　对藏咒师赐教诫

桑吉益西等藏地诸位咒师向阿阇黎请示道:"上师不居藏地意密赴印度,后世藏地诸位咒师如何行?"

如是请示后,阿阇黎道:

> 趋入密咒藏地诸咒师,
> 密咒根本应寻成就师,
> 灌顶开启密咒法次第,
> 密咒命根即护净誓言,
> 金刚阇黎如颅肢负荷,
> 圣本尊如体内心脏持,
> 空行护法如身影依止,
> 甚深密咒如眼珠爱护,
> 甚深心咒如体气诵持,

甚深生圆如身命修习，
咒力达至见修行果位。
断除十种不善取十善，
为正法故自命可舍弃，
主要趋入近修为关键。
初八十五廿三三十日，
会供朵玛酬补供护法。
勿戍陀行应依贤阇黎，
仪规勿作苯吟诵修合，
四种近修事业如教行，
对诸密咒断除怀疑心。
为财勿卖勿传密咒法，
若自修习悉地随欲成。
莲花生吾现今即离去，
现前安住以及未来之，
藏诸咒师心中应忆持！

阿阇黎如是垂赐教诫。

大阿阇黎莲花生无垢本生传记中，莲师对藏域诸咒师垂赐教诫之第二十八章竟。

第二十九章
大阿阇黎莲花生　对禅修者赐教诫

香晋美朵卓等藏地诸大禅修者，向阿阇黎请示道："上师不居藏域意密赴印度，后世藏域诸禅修者如何行？"

如是请示后，阿阇黎道：

> 主行等持藏域大修士，
> 见解请示决定密意者，
> 实践修持听从觉证者，
> 行为所作入定后得契，
> 果位自明三身应证悟。
> 明观应依佛经续教诀，
> 勿执词句应通达义理，
> 依止具足教言贤上师，
> 闻思若广禅修歧途小，
> 无有信心勿作相状修。

为断疑惑请教成就者，
勿要去做无知狡诈事，
安住法性平等实相时，
远离昏沉掉举诸过患，
明空性中不分昼夜修。
相续生起现见法性时，
随生苦乐转为善行伴。
妻虽慈心修者不需仆，
女众眷属虽做大承侍，
敬信虽大然为衰退因，
眷仆服侍虽大亦弃离。
愦闹福德为中断兆头，
自心作证并勿令散漫，
如是禅修虽人心已佛。
莲花生吾现今即离去，
现前安住以及未来之，
藏诸修士心中应忆持！

阿阇黎如是垂赐教诫。

大阿阇黎莲花生无垢本生传记中，莲师对藏域诸大禅修者垂赐教诫之第二十九章竟。

第三十章
大阿阇黎莲花生　对瑜伽士赐教诫

酿·车耶等藏地诸位瑜伽士，向阿阇黎请示道："上师不居藏地意密赴印度，后世藏地诸瑜伽士如何行？"

如是请示后，阿阇黎道：

具足见修把握藏地诸位瑜伽士请谛听：
　　法性无改实义瑜伽士，
　　证悟觉性智故瑜伽士，
　　即是所谓瑜伽之名称。
　　正见无贪心故离偏袒，
　　修习无所缘故离执心，
　　行为无取舍故离我执，

果位无断证故离彼执。
誓言无护界故离谄诳，
妙法无偏袒故离宗派，
显现迷乱之故离庸俗。
食物养命之故离行乞，
财物幻化之故离贪欲，
衣服蔽寒之故离装饰。
平等无二之故离眷属，
国域无方之故离故乡，
居处洞窟之故离寺宇，
瑜伽孤单之故离聚会。
无有贪恋之故离贪执，
自解断执之故离谄曲。
莲花生吾现今即离去，
现前安住以及未来之，
藏瑜伽士心中应忆持！

阿阇黎如是垂赐教诫。

大阿阇黎莲花生无垢本生传记中，莲师对藏域诸瑜伽士垂赐教诫之第三十章竟。

第三十一章
大阿阇黎莲花生　对藏男子赐教诫

聂·仁青智等藏域诸男子，向阿阇黎请示道："上师不居藏地意密赴印度，后世藏地诸男人应如何行？"

如是请示后，阿阇黎道：

> 后世藏老少男子众：
> 国王法规应严持，
> 君主敕令如理行，
> 舍弃我行我素后，
> 元首公规如命护。
> 已发誓言勿轻弃，
> 一切制裁应强行。

众多之人聚会时，
不能藐视下劣者，
已共商讨不生悔，
诸贤明众令商议，
稳重僧侣应信任。
诸明智者作抉择，
诸勇武者作先锋，
以诸器械扩军队，
令诸仆使作巡逻，
次第任用诸仆民，
人依汝勿令失望。
高尚士夫贤善故，
经营财政说雅语，
倘若子孙学佛法，
永久财产愈增上。
行持何事应思察，
若未思察多过患。
倘若能够作纠正，
何必于彼不生喜，
倘若未能作纠正，
于彼不喜何所益。
若缓慢行何亦至，

绕过怖地敌不劫，
　　若柔和语谁亦知，
　　高声言语知夸张，
　　若延时期何亦办，
　　太过仓促会劳辛。
　　为今后世修善法，
　　若如此行决定善！
　莲花生吾现今即离去，
　现前安住以及未来之，
　藏诸男子心中应忆持！

阿阇黎如是垂赐教诫。

大阿阇黎莲花生无垢本生传记中，莲师对藏地诸善男子垂赐教诫之第三十一章竟。

第三十二章
大阿阇黎莲花生 对藏妇女赐教诫

仲萨·香切玛等藏地诸位妇女,向阿阇黎请示道:"上师不居藏地意密赴印度,后世藏地诸妇女应如何行?"

如是请示后,阿阇黎道:

> 世间大海妇女众:
> 为居所之基础故家务做洒扫,
> 为世间之大海故子孙入正法,
> 为身体之伴侣故应承侍丈夫,
> 好丈夫如心脏故随说应接纳,
> 恶丈夫为宿业故凌辱勿冷淡。
> 公婆如父母故行恭敬承侍,
> 夫兄如兄长故食及惭愧护,

夫妹不常伴故恭敬善送别。
人讥诮应受取随言笑相迎，
暴怒我慢若大谁亦不亲近，
所现为怨敌故时常应欢喜，
多言妇女贱故沉默勿多言。
恭敬父兄善持惭愧心，
丈夫及子口粮（前途）故款待诸宾客，
食护眷属亲友生起悲悯心，
勿过贪执财产食物多布施。
显露笑容卫生善清洁，
夜晚寝睡清晨应早起，
勤务稼穑勤劳勿拖延，
牲畜家犬仆眷悲悯护。
随自能力行持白善法，
现获加持后世亦得乐！
莲花生吾现今即离去，
现前安住以及未来之，
藏诸妇女心中应忆持！

阿阇黎如是垂赐教诫。

大阿阇黎莲花生无垢本生传记中，莲师对藏地诸位妇女垂赐教诫之第三十二章竟。

第三十三章
大阿阇黎莲花生　教诫福田及施主

洛甲涅车奔等藏地诸位施主,向阿阇黎莲花生请示道:"上师不居藏地意密赴印度,后世藏地诸施主应如何行?"

如是请示后,阿阇黎道:

> 诸施主应能够诵法本,
> 诸应供者亦当善读写,
> 诸书写者最初亦应于,
> 　文字字形善拼写,
> 　黑白分明均匀称,
> 　无增无缺快速写。
> 施主勿贪名及利,
> 以供应令福田喜,
> 于具信所供奉物,
> 无有贪心享用后,

为得圆满菩提因,
施主福田共回向,
二者福德亦圆满。
施主所思若不净,
福田所欲无餍足,
虽行善法亦罪恶。
作念诵诸应供者,
初应娴熟学语音,
中间善合妙腔调,
后应断除句增减。
诵时勿与人言语,
无有增减恭敬诵。
法本无经布裹及,
下襟跨经二罪离。
自身圣教之法主,
念诵大鼓法音时,
六道一切有情众,
诵观闻法解脱彼。
于座间等后行时,
施主福田诸善根,
共获菩提而回向。
施主以具足信心,

> 为福田喜应思维,
> 善妙饮食等供品,
> 应供福田令生喜。
> 若行福田及施主,
> 现乐后亦获菩提。
> 若非如此施主及福田,
> 贪执修诵数量及供品,
> 虽智无益施主喜速度,
> 诸具智者放逸急修诵,
> 未通达者误持亦错诵,
> 诸施主众不敬无供养,
> 福田不喜供物嗔恚生,
> 福田依于供品积罪恶,
> 施主虽欲积福却增罪,
> 如是福田施主浊时现,
> 此不应为善法随力行!
> 莲花生吾现今即离去,
> 现前安住以及未来之,
> 藏诸福施心中应忆持!

阿阇黎如是垂赐教诫。

大阿阇黎莲花生无垢本生传记中,莲师对藏地诸位应供者及施主垂赐教诫之第三十三章竟。

第三十四章
大阿阇黎莲花生　教诫医师及患者

御医涅热翟等藏地诸位医师，向阿阇黎请示道："上师不居藏地意密赴印度，后世藏地诸位医师如何行？"

如是请示后，大阿阇黎道：

> 济世医师太医御医众：
> 初于善巧医道阇黎前，
> 配药疗疮实践善学习，
> 中令上师欢喜求教言，
> 后对病人生起悲悯心。
> 观察脉搏尿水诊析病，
> 不明病情而配诸药方，

不成良药反而成毒药，
析知病情之后予药方，
乃如对治火以水来灭。
初未实践无临床经验，
中无教言病情诊不明，
后虽医治良药亦成毒，
彼乃病者魁刽持利刃，
勿如是行应精娴熟学，
诸智者众应慈悲护彼。
内心若于财物生贪欲，
速治康复然令病复发，
视其饮食优劣疾缓行，
现虽康复后亦令复发。
药价酬金极为不合理，
病愈然自邪命后世报。
应以悲心菩提心摄持，
内无贪欲如法做医治，
患者悲境应祛其苦痛，
药价酬金随予而受取。
后世受生为无上天王，
此生亦无病痛安乐生。
患者应于救命医师前，

饮食受用恭敬令生喜,
药价酬金观待病情予。
患者若令医师不生喜,
此生愧疚后世堕地狱,
将会投生复活地狱中。
莲花生吾现今即离去,
现前安住以及未来之,
医师患者心中应忆持!

阿阇黎如是垂赐教诫。

大阿阇黎莲花生无垢本生传记中,莲师对藏地诸医师及病人垂赐教诫之第三十四章竟。

第三十五章
大阿阇黎莲花生　教诫上师及弟子

贝若扎那等藏地诸位上师及弟子们,向阿阇黎请示道:"阿阇黎不居藏地意密赴印度,后世藏地诸位上师如何行?"

如是请示后,大阿阇黎道:

> 藏地善结法缘师徒众:
> 初者上师精湛超胜学,
> 中勤修持于法生验相,
> 后菩提心无偏利众生。
> 决定正见具足自在及,
> 清净誓言作为所依后,
> 次第受取灌顶及传承,

修习等持智慧之加行，
迎合方便行为作抉择，
圆满密咒六边做阇黎。
欲寻上师诸位弟子应：
观察寻觅具相贤哲师，
供养令喜恭敬求窍诀，
认真精进趋入闻思修，
灌顶传承次第圆满持。
勇猛修持自利应究竟，
若显证相应行利他众。
上师未察授法非器徒，
弟子未察无精结法缘，
法无加持修亦不证果，
违誓如同双犊堕险处，
以财换取地狱无解脱，
勿如此行师徒应观察。
弟子应具净信与悲心，
应观净现上师视为佛，
具足恭敬无有骄慢执，
广大布施精进无耽延，
徒若如是应赐圆教诀。
和言方式求法观师颜，

自高自大狂傲具慢及,
不能施舍欺诳谄媚者,
于非器众示法毁誓言。
莲花生吾现今即离去,
现前安住以及未来之,
上师徒众心中应忆持!

阿阇黎如是垂赐教诫。

大阿阇黎莲花生无垢本生传记中,莲师对藏地诸传法上师垂赐教诫之第三十五章竟。

第三十六章
大阿阇黎莲花生　对藏臣民总教诫

大阿阇黎对未来藏地诸君臣民们赐予教诫：

　　边地藏域王臣百姓众：
　　红脸罗刹种姓利他悲心微，
　　父亲种姓猴子惭愧羞耻小，
　　母种红脸岩罗刹母嗔恚大，
　　心恶毁坏正法黑色魔鬼类，
　　贪爱财物心大旁生人种姓。
　　不行善法后世亦堕三恶趣，
　　寿命无常死亡此勿太失念。
　　聚合即是分离勿太多诤斗，

积聚即是遗留勿太沉湎财,
耽着即是系缚应勿太贪恋,
诞生即是死亡当忆念后世。
造罪趋入地狱何亦不堪忍,
悭吝受生饿鬼饥渴痛苦受,
无有修法旁生汝等应了知,
人寿即是借物何处弃无定,
显现即是幻化当了知无常,
财食即是露珠何时弃无定,
眷仆即是旅途客故应了知,
嗔敌即是迷乱应认识迷乱,
亲戚即是轮回诱饵应悉知,
子孙即是讨债人故应了知。
人生散漫话语无有穷尽际,
死主阎魔探卒出现可知否?
藏地红脸罗刹诸众听吾言:
救护离三恶趣应依止三宝,
今后世令依上师本尊空行,
解脱行处应当修持见修行,
藏地具缘本尊应修大悲尊,
断除十种不善受取十善法,
若如是行现乐后世更安乐!

> 莲花生吾现今即离去，
> 现前安住以及未来之，
> 藏诸人众共心中忆持！

阿阇黎如是垂赐教诫。

大阿阇黎莲花生无垢本生传记中，莲师对藏地诸人众垂赐共同教诫之第三十六章竟。

第三十七章
诸王臣众向上师　请示圣观音教言

其次,藏地王臣民众顶礼转绕阿阇黎后,尤其天子穆德赞普请示道:

"唉玛吹!

"殊胜之化身大阿阇黎尊者,吾等乃是边地藏域众生,生于无有佛法之南门巴种姓,无有行持善业之人。

"先王松赞干布为大悲观世音化身故,建修了拉萨幻显大昭寺等镇伏罗刹女肢节一百零八座寺宇。并从印度迎请诸班智达,翻译了许多正法教典,对藏地具大恩德!

"随后,国王赤松德赞,亦迎请大阿阇黎等诸多印度班智达,修建了吉祥桑耶寺及诸寺宇,并制定法规,把藏地置于安乐,具极大恩德!

"现今我父王已趋圆寂,阿阇黎亦要前往印度,藏地将变成黑暗般,一切众生悉皆无有依怙,此为极大之损失!

"而大悲观世音菩萨为藏地雪域所承许之共同本尊,此土亦为彼尊所化刹土。现今,请阿阇黎心中忆持,并赐予大悲圣尊能斩断众生六道之门,并引至圆满佛陀果位之教言!"

如是请求后,阿阇黎说道:

"天子为主之藏地诸君臣们,请谛听!

"于此藏雪域国家,往昔圆满正等觉释迦能仁未曾莅临,无有所化之国境,乃旁生所居。其后,薄伽梵圣身趋入涅槃时,对观世音菩萨赐予加持并作了授记。

"后来,圣观音意出化身猴子菩萨,并遣至藏域,圣母度母亦化身为岩罗刹母,彼二尊结合为夫妻,并生育孩童,如是藏人一代一代增长。

"因藏人祖父为猴子故,后辈口齿伶俐而心无主见;祖母为岩罗刹母,故而后辈大悲心微小且喜好罪业。以此因缘对正法具有恶心。然彼父母二人乃观音及度母之化身故,除彼二位尊者,其余大悲圣者难以调伏。汝等请示大悲观音教言,甚善!吾亦如是宣说大悲尊者之教言。"

阿阇黎言毕,即将大悲尊者之教言分为共同、殊胜二种,并把《续教修法事业汇集》对王臣们作了宣讲。

大阿阇黎莲花生无垢本生传记中,诸王臣众向莲师请示观世音菩萨教言之第三十七章竟。

第三十八章
莲师讲述观世音　大悲垂视六道众

随后,阿阇黎莲花生教诫藏诸天子王臣:

此大悲尊者观世音,大悲心无有间断垂视六道众生!其大悲慈愍,缘于有情之大悲,犹如独子之母般悲悯六道众生。以大悲垂视被痛苦逼恼、难以忍受之六道有情众。

缘妙法之大悲者,谓"嗡嘛呢呗咪吽"——六字大明咒!

"嗡"字,息灭天人衰堕之痛苦令获得安乐;

"嘛"字,息灭非天净斗之痛苦令获得安乐;

"呢"字,息灭人类贫困痛苦令获得安乐;

"呗"字,息灭旁生痴哑痛苦令获得安乐;

"咪"字,息灭饿鬼饥渴痛苦令获得安乐;

"吽"字,息灭地狱寒热痛苦令获得安乐。

彼亦，以国王为主之众生行持十善故，获得善趣天人果位。虽得天人果位，然未超越痛苦。天人寿殁时，出现下堕痛苦，身上发出臭味，身体光明消失，自然香稻及沐浴水池干枯，骏马、如意牛亦走失，以神通现见天之福德已耗尽，将堕入恶趣感受难忍痛苦，而大悲尊者观世音垂视于彼。

以嗔恨嫉妒为主，行持十不善因，故而受生于非天。天与非天战斗时，天多福德大故，非天多失败，常被兵器轮损伤受害而致死，遭到咬噬；非天自己内部亦诤斗、诤辩而感受剧烈难忍痛苦。寿殁后堕入恶趣，自己了知后更是万分痛苦。

虽受生于人道，亦不能超越痛苦。最初生之痛苦：住于母胎，当母亲行走时，如同行于悬崖险处；当母亲饱足时，如同夹于山岩中；当母亲起立时，如同扬于风中；当母亲寝睡时，如同被大山压迫；当母亲猛厉劳作时及下坐时，身体如同被割断般；出生时，气息壅塞，如同被剥皮般；从产门落下时，如同被抛入荆棘丛中一般；母亲抱取时，如同鹞鹰叼捉雏鸟般。

随后，长到壮年时，精勤劳作稼穑琐事，行住贫穷等痛苦，无量难思。

其次，老之痛苦：身体四大衰竭，光泽褪尽，诸根衰坏，眼盲耳聋，鼻涕流漏，牙齿脱落，结巴口吃，起立亦不能行走，坐下如同摔倒，子孙及他人不悦意，唯有自己感受衰老痛苦。

死亡痛苦来临时，抛弃所珍爱之身体，离开聚合之伴侣，子孙及眷仆，留在世间，虽有多少财物亦无力带走，如同石块般抛弃身体，神识漂泊于恶趣中，所以非常痛苦。

乃至未死之间，亦有求不得之苦。常感饥饿疲乏，虽有亦不能养护之苦。担忧与怨敌相会故，心如火焚。担心不能护持亲人，从而心感焦虑万分。忧虑子嗣不能存活，担心女儿无有嫁妆故，时常辛劳稼穑琐事，忙碌疲惫不堪，所以亦十分痛苦。又因行持十不善业而堕入恶趣，不能从极苦之中超越也！

受生为旁生，亦不能超越痛苦。有主人者，被人驱役、耕地、驮物、杀戮。诸无主人者，亦有猎人猎杀野兽，渔夫捕捞鱼类，猛兽相互残杀。尤其是边海中如酒糟般者，互相残杀，以小食大，如马粪上苍蝇蚊虫聚集般，自食己肉，彼等痛苦无量难思也。

受生为饿鬼，亦未超越痛苦。食物见为烧铁，饮料见为脓血，腹中进食，结果身体燃烧。亦有得不到饮食之苦，虽得到喉咙亦不能容纳，虽容纳腹中亦不满，因食品有保护者故无自由享用，虽得到食品亦被他众强夺。亦有空游恶鬼，不能自主，迫害人类。死魂类损耗鬼，自以何种病死亡，便不离彼病，令病入他人身内而迫害之，时常被他人捶打，自己亦痛苦无量。

受生为地狱众生,寒热痛苦亦不可思议:

八热地狱:复活地狱,每日百死百活。

黑绳地狱,身体被划分线条后,狱卒们用锯剖割成块;

众合地狱,被放入铁臼中,用铁锤捶打;

号叫地狱,被绳索缚捆脖子后大声哀号;

大号叫地狱,被放入炽火之铁室中,大声地惨叫;

烧热地狱,被放入大铜水器中熬煮;

极热地狱,用铁钳夹持后烧煮;

无间地狱,以业风压迫故,刹那亦难以忍受痛苦。

八寒地狱:啊啾啾地狱,冷冻后发出恶吼声。

具疱地狱,以业风严寒故,身上处处生出疱疮;

疱裂地狱,疱疮裂开以后,流出黄水;

紧牙地狱,冷冻后,牙关发出紧咬声;

裂如青莲花地狱,冷冻后,身体裂成四瓣;

裂如大青莲花地狱,冷冻后,身体伤口裂成八瓣;

裂如莲花地狱,冷冻后,身体伤口裂成十六瓣;

裂如大莲花地狱,冷冻后,身体伤口裂成三十二瓣。

又孤独地狱者,白天感受痛苦,夜间死亡。

近边地狱者,白日死亡百次。共同所感之苦者:行于没膝之溏煨炕中,行于尸粪泥中,值遇利刃原砍断骨肉,被降下之利剑雨伤害。又铁柱山处处有十六指长铁刃,常被上拉下拖于山中。

彼等之地狱须感受无量之痛苦也！

如是未能超越六趣痛苦自性之诸众生，圣大悲观世音自在尊者以圣眸恒时不断垂视。

无缘大悲者，为断除六趣轮回痛苦而垂视，"嗡嘛呢呗咪吽"！

"嗡"字，断除受生天道险地后，空尽天道处；

"嘛"字，断除受生非天险地后，空尽非天处；

"呢"字，断除受生人道险地后，空尽人道处；

"呗"字，断除受生旁生险地后，空尽旁生处；

"咪"字，断除受生恶鬼险地后，空尽恶鬼处；

"吽"字，断除受生地狱险地后，空尽地狱处！

空尽六道处后，使轮回亦空尽，从而清净引入佛刹，此所谓大悲精藏六字明咒也！

大阿阇黎莲花生无垢本生传记中，大悲观音以三种悲悯而垂视六道有情之第三十八章竟。

第三十九章
大阿阇黎莲花生　宣讲六字明功德

复次,阿阇黎莲花生对君民们说道:

嘿!藏地诸王臣们请谛听!嗡嘛呢呗咪吽!乃大悲观音之心咒故,念此咒一遍之福德,以计数难可穷尽!

一粒睡莲花种子,繁殖难以思议,较之于彼,诵一遍六字明咒之福德更为增胜!

一粒芝麻,亦诸多繁殖,较之于彼,诵一遍六字明咒之福德更为增胜!

不可计数之四江河等支流,流入咸水海中,较之于彼,诵一遍六字明咒之福德更为增胜!

若祈祷如意摩尼宝,则出生一切所欲所需,较之于彼,诵一遍六字明咒之福德更为增胜!

嗡嘛呢呗咪吽!

十二年中所降雨滴能够计数,诵一遍六字明咒之福德不可计数!

播种于四洲之所有稻谷能够计数,诵一遍六字明咒之福德不可计数!

外大海之所有水滴能够计数,诵一遍六字明咒之福德不可计数!

旁生有情之所有身毛能够计数,诵一遍六字明咒之福德不可计数!

嗡嘛呢呗咪吽!

此六字大明咒乃大悲观音之心咒故,金刚天铁山,有八万四千由旬高,以"嘎西嘎"软布每一劫擦拭一次,亦能擦尽,诵一遍六字明咒之福德无尽!

中央须弥山,若是"美日贼"虫食用,亦能空尽,诵一遍六字明咒之福德无尽!

恒河之沙,若是小鸟"德哆"之嘴抛洒,亦能散尽,诵一遍六字明咒之福德无尽!

须弥四洲之土,若是风吹亦能散尽,诵一遍六字明咒之福德无尽!

嗡嘛呢呗咪吽!

收集遍布所有世界间之佛陀舍利,做成七宝供塔,对彼无有间断供养之福德能够计数,诵一遍六字明咒之福德不可计数!

等同世间之沙粒数量,彼诸悉皆变成佛陀及佛刹,对彼恒无间断以烧香、灯明、涂香、濯足水、音乐等作供养之福德能够计数,诵一遍六字明咒之福德不可计数!

嗡嘛呢呗咪吽!

此六字大明咒乃圣者观世音意心咒故,若每日念诵一百零八遍,则不堕三恶趣,来生获得人身并现见观音尊颜;

若时常清净念诵二十一遍,则会心意聪颖,忆持听闻,声音动听,能善巧通达一切法义;

若每日念诵七遍,则清净一切罪业及障垢,任何生世受生亦不离圣观世音!

何人遭遇病魔迫害,随作何种世间消灾法事,较之于彼,用六字明咒之福德来回遮,则更殊胜;

作何种医病治疗,较之于彼,六字明咒对治病魔,则更殊胜!六字明咒之功德,三世诸佛亦不可宣说及衡量,何以故?

因彼乃圣观世音菩萨,以大悲恒无间断垂视六道之意精藏故,能救度轮回中一切有情也!

后世诸君民众,当修持大悲观音本尊,念诵六字大明心咒,则无有堕入恶趣之疑虑也。彼乃藏地雪域之具缘本尊故,若以恭敬诚信而作祈祷,则出生加持悉地也,应断除犹豫怀疑之心!

此法乃甚深捷径，较彼更深，三世诸佛亦未宣说，莲花生吾亦未了知。

莲花生吾现今即离去，

现在安住以及未来之，

藏徒君民心中应忆持！

阿阇黎言毕，藏地诸君民众欢喜踊跃，五体投地纷纷作顶礼。

大阿阇黎莲花生无垢本生传记中，阿阇黎宣讲大悲六字大明咒功德之第三十九章竟。

第四十章
莲师前赴罗刹国　对藏君民唱道歌

随后,阿阇黎将前往西南罗刹国镇伏罗刹,藏域君民徒众短程送至芒域山顶后,正在顶礼时,阿阇黎骑着日光唱起道歌:

上师本尊空行众,
顶髻严饰祈安住,
住已祈请赐加持。
藏域君民复谛听:
邬金班玛炯乃吾,
来此赡部世界中,
四种摄受之事业,

熟解所化已圆满，
现今即赴印度国。
行去法式即如是：
超越言思瑜伽吾，
行于离边正见原，
正见平原行走时，
现有携持法身中；
现空光明瑜伽吾，
行于乐空修持原，
修持平原行走时，
入定后得无别行；
显现自解瑜伽吾，
行于自生行为原，
行为平原行走时，
等味无有取舍行；
无改自生瑜伽吾，
行于任成果位原，
果位平原行走时，
远离希疑二者行。

藏地君民复谛听：
远离言思瑜伽吾，

行于离边正见山，
正见山坡行走时，
无有昼夜修习行；
现空光明瑜伽吾，
行于乐空修持山，
修持山坡行走时，
远离沉掉二者行；
显现自解瑜伽吾，
行于自生行为山，
到达行为山坡时，
散播一切智智种；
无改自生瑜伽吾，
行于任成果位山，
果位山坡行走时，
现前证悟即佛陀。

藏地君民复谛听：
远离言思瑜伽吾，
离边正见下山行，
正见下山行走时，
法性无生性中住；
显现光明瑜伽吾，

乐空修持下山行，
修持下山行走时，
无修无散性中住；
显现自解瑜伽吾，
自生行为下山行，
行为下山行走时，
一如善逝教旨行；
无改自生瑜伽吾，
任成果位下山行，
果位下山行走时，
自续清净即佛陀。

藏地君民复谛听：
超越言思瑜伽吾，
行于离边正见处，
到达正见之处时，
轮回自性即涅槃；
现空光明瑜伽吾，
行于乐空修行处，
到达修行之处时，
分别自性即智慧；
显现自解瑜伽吾，

行于自生行为处，
到达行为之处时，
现有自性即坛城；
无改自生瑜伽吾，
行于任成果位处，
到达果位之处时，
一切自性即佛陀。

吾即将赴罗刹国，
到达罗刹国境时，
示现威力及神变。
吾去调伏罗刹众，
去令一切置安乐，
去引罗刹入正法。
藏地君主眷徒众，
贵体恒时随乐住。
吾获无有生死身，
无有痛苦与不乐，
大悲恒无间断故，
汝等诚信作祈祷，
与吾数数能相逢！
证悟如是密意时，

> 无有可断之轮回,
> 无有可修之涅槃,
> 轮涅无别妙法身,
> 彼即所谓佛密意,
> 当知实义具缘众!

阿阇黎如是唱毕,君民诸众悉皆难过流泪。

大阿阇黎莲花生无垢本生传记中,莲师酬谢徒众顶礼之实践道歌第四十章竟。

第四十一章
莲师前赴降罗刹　唱起饯行摄受歌

复次,藏地君民众向阿阇黎作顶礼转绕后,请求道:"请让吾等亦追随而去!"

阿阇黎即唱起了摄受道歌:

> 佛陀正法及僧伽,
> 至诚皈依三皈处,
> 上师本尊及空行,
> 至诚祈祷三根本,
> 法身报身及化身,
> 三种真实赐加持。

藏地君民请谛听！
比喻之歌诠法义：
鹫鸟展翅腾空翔，
贪欲之故降食上，
缚于网罟不知否？

白狮傲踞雪山中，
贪欲之故游雪坡，
风雪弥漫不知否？

南栴檀林之老虎，
贪欲之故游险地，
中地弩箭不知否？

金鱼浮游于水中，
贪欲之故觅食物，
缚于网中不知否？

自心本来即佛陀，
贪欲之故于他觅，
漂流轮回不知否？

获得大宝人身时,
散漫世间事业中,
人生已尽不知否?

藏地君民复谛听!
众多人群愦闹时,
自身安闲教诀具,
若心断散随我行!

识心散乱于外时,
显转道用教诀具,
若断现执随我行!

内生种种分别时,
值遇化身教诀具,
若断分别随我行!

修行出现沉掉时,
转为金液教诀具,
若能修持随我行!

出现等持后得时,

转暗灯明教诀具，
若生等持随我行！

出现贪执身体时，
不贪客房教诀具，
若离家乡随我行！

依止她身手印时，
使者道用教诀具，
若欲捷径随我行！

修习自身方便时，
猛生暖乐教诀具，
若修空乐随我行！

愚痴睡眠压制时，
梦幻光明教诀具，
若惑转道随我行！

成熟受道四灌时，
倾注宝瓶教诀具，
若熟相续随我行！

修习形色瑜伽时,
自身坛城教诀具,
若修生次随我行!

出现他人讥毁时,
空谷回音教诀具,
若畏人言随我行!

遇到嗔恚怨敌时,
安忍报复教诀具,
若怖嗔敌随我行!

出现近亲侵扰时,
根除轮回教诀具,
若不贪亲随我行!

弟子施主侵扰时,
贪执自解教诀具,
若不贪彼随我行!

贪恋外五妙欲时,
凫鸥抓鱼教诀具,

若不贪世随我行!

身体四大患病时,
等味幻身教诀具,
若畏身疾随我行!

出现死亡肢解时,
觉醒无依教诀具,
若怖中阴随我行!

轮回生续未斩断,
遮六道门教诀具,
若断六趣随我行!

君民徒眷众知否?
甚深信心若未生,
定解智慧亦不生,
定解智慧若未生,
上师教诀亦不得,
上师教诀若不遇,
自心佛陀亦不见,
当以信心胜解敬,

修习上师之教诀。

我已远离生与死，
我亦无有去不去，
智慧大悲恒无断，
自心摩尼大珍宝，
苦乐分别我无有，
若严顶髻作观修，
远近差别我无有，
自身佛陀之坛城，
实有质体我无有，
如是于心当敬信！
我以神变力行去，
汝实体者不能随，
恒常精进作祈祷，
无有间断定相逢！

阿阇黎唱毕，骑乘日光，瞬间飞向天空，身住西南，面朝此方，放射无量大慈光芒，安置彼等所化于不退转果位后，外内空行母众如云聚般围绕，供养音乐妙声，迎往西南妙拂洲！

随后，藏地君民返回，因大阿阇黎前往邬金国而苦楚压抑，犹如骆驼失子般，亦如母失独子般悲戚难过。

其后，天子穆德赞普召集诸臣民众，赐教言："我等国王已逝世，阿阇黎亦前赴罗刹国。现今无有其余方法故，应如先王生平般，如理护持国政，如阿阇黎所教诫，以佛法护持国政，君民诸众皆应修习所信奉之法！"

如是，诸眷民众依王教诫而修持，悉皆获得不退转地，获证持明果位！

大阿阇黎莲花生无垢本生传记中，莲师前赴西南罗刹国降伏罗刹，为酬谢徒众顶礼送行而赐予道歌之第四十一章竟！

此乃大阿阇黎莲花生，
本生传记法源珍宝鬘！
获证不忘总持措嘉母，
为后所化生起信心及，
遣无明暗具足法眼故，
安立文字埋藏大宝藏，
愿彼具业缘者值遇此！

大阿阇黎莲花生本生法源摩尼鬘，乃具足殊胜不共之教言也！

伏藏印！埋藏印！甚深印！萨玛雅！印！印！印！

大阿阇黎仁波切莲花生本生摩尼鬘，由藏王赤松德赞之化身酿·热巴坚尊者从伏藏中迎取！

2003年10月8日丹增拉巴译毕
2018年1月再校